Vivre l'Harmonie

Marina Paregno

Le Guide des Energies 2018
Vivre l'Harmonie

Edition: BoD - Books on Demand
12/14 rond-point des Champs Elysées
75008 Paris
Imprimé par BoD - Books on Demand, Norderstedt
ISBN: 978-2-322102617
Dépôt légal: janvier 2018

"Un jour, dit la légende, il y eut un immense incendie de forêt. Tous les animaux terrifiés, atterrés, observaient impuissants le désastre. Seul le petit colibri s'activait, allant chercher quelques gouttes avec son bec pour les jeter sur le feu.

Après un moment, le tatou, agacé par cette agitation dérisoire, lui dit: « Colibri ! Tu n'es pas fou ? Ce n'est pas avec ces gouttes d'eau que tu vas éteindre le feu ! »

Et le colibri lui répondit :« Je le sais, mais je fais ma part»

J'ai décidé de faire ma part.
Car il n'y a pas de petits gestes, de petits actes.
C'est dans la simplicité que s'accordent nos âmes
avec la grandeur et la profondeur de notre humanité.

Marina

Avant - Propos

La vie est là et l'humain ne la voit pas. Alors que nous entrons dans un processus de « spiritualisation», nous restons focalisés sur nos machines enclines à la «matérialisation», ce processus de production et de consommation sauvage qui nous rend spectateur passif de nos vies. Je m'entends. Ce monde que nous quittons est un monde étriqué, recroquevillé sur lui-même, malade et ruiné. Il nous pousse à entrer dans de nouveaux espaces du cœur. La Terre nous appelle et nous entraîne avec elle dans son éveil. Nous avons à quitter un monde individualiste pour nous focaliser désormais sur les attentes profondes de notre humanité. Qu'en est-il des enfants, de ces femmes et de ces hommes blessés et meurtris à l'autre bout du monde?

En réalité, rien ne nous sépare. Ce sont des souffrances qui aujourd'hui nous relient. L'humanité est ramenée sur une même fréquence d'ondulation et nous sommes interconnectés dans le ventre de la Terre, cette divine matrice. L'humanité d'aujourd'hui doit se réveiller non pour combler un manque viscéral, des besoins matériels certes légitimes mais pour faire face à elle-même dans la bataille qui l'oppose au sacré. Être éveillé aujourd'hui ne suffit pas. Il faut marcher ensemble, main dans la main, dans la guérison de cette souffrance. Elle s'est légitimement installée dans nos maisons, transformant nos foyers en prisons, touchant les familles, les gangrenant jusque dans leurs cellules. Il faut marcher ensemble pour trouver une voie spirituelle qui amènera toute l'humanité à se reconnaître dans ce combat d'amour pour l'Amour. Nous sommes appelés à être des "insurgés du cœur", à entrer dans la bataille spirituelle pour parvenir à notre préservation. Pas tant dans la finalité mais dans le fond avec tendresse, constance, résignation et détermination. Nous savons très bien que notre monde est enfantin, puéril qu'il marche sur des œufs car il a longtemps fait le jeu du pouvoir. Il a cru lui même à ce pouvoir, que l'on pouvait être grands en détournant l'attention du cœur, en le manipulant, en jouant avec.

Aujourd'hui, il est difficile de jouer avec les bons sentiments. Il est difficile de manipuler la vérité. Malgré les changements notamment politiques en France comme à l'étranger, on se rend compte que ce pouvoir auquel nous avons confié nos destins ne fonctionne plus. Il est à nu, à découvert. Nous souffrons dans cette étroitesse de temps, cette dimension humaine qui reflète l'état de nos vieilles croyances et notre manque d'identité. Ce monde étriqué et limitant de nos grands-parents avec ses souffrances, ses modèles, ses règles et ses normes est achevé. Nous avons à nous attacher à moins posséder mais à vivre mieux. Nous allons devoir composer tous ensemble pour gagner une nouvelle «civilité». Nous avons à changer d'attitudes, de savoir-vivre pour tenir le langage, le rôle et la cadence dans lesquels la Terre nous engage aujourd'hui. Elle qui, durant des siècles a été asservie, appauvrie, n'a jamais été aussi puissante et percutante dans sa nouvelle dimension nous donnant à tous une nouvelle vision des valeurs. Elle vole à notre secours en nous transmettant sa force et son amour compassionnel mais elle sait aussi, avec autorité et fermeté, nous apprivoiser et nous donner quelques leçons d'humilité dans notre soif de grandeur. Nous sommes appelés à relever nos manches pour entrer dans un nouveau «jeu» comportant de nouveaux codes, de nouveaux acteurs, de nouvelles règles. Ce jeu consiste à restituer le pouvoir à ce qui a été oublié. A dire tout simplement la Vérité. Ce jeu est ce monde ancien qui nous demande d'être soigné et illuminé de notre amour afin qu'il regagne la Lumière de vie. Nous sommes appelés à soigner toutes les parties, toutes les strates de notre société, peu importe qui nous sommes et où nous en sommes. Le monde de la séparation prend fin. Seuls les derniers rescapés de l'obéissance auront à manier "l'épée dans l'enclume". C'est dans ce duel de forces que nous abordons ce nouveau chapitre de l'histoire et de sa reconstruction.

Allons-nous entendre et comprendre les voix de la sagesse émanant des entrailles de la terre ou allons-nous continuer à nous battre avec force et ferveur dans le but d'avoir le dernier mot et d'être sans cesse en opposition?

Depuis 2013, je prends plaisir à partager mon chemin initiatique à travers les nouveaux enseignements de la Terre. C'est elle qui régit mon dialogue, ma force mais aussi cette véhémence. Il est difficile dans notre monde actuel, jonché de pièges, de nous maintenir dans la vérité. Ecouter et transmettre me permettent de tenir bon dans cet ancrage au coeur. Après le Guide des énergies 2017 "concourir à la paix" qui fût une belle découverte de l'écriture, je suis heureuse de poursuivre cette nouvelle aventure en vous présentant ce nouveau guide "Vivre l'harmonie".

Notre monde change et nous sommes rassemblés pour protéger et pour ériger les bases du renouveau. Nous venons de vivre une année de grande mutation, remplie d'exigences. Nous avons amplifié notre vibration de cœur pour redonner un souffle à l'humain. Nous allons pouvoir utiliser notre souffle et balayer de toutes nos forces les derniers voiles qui obstruent le champ de notre réalité. L'inconscient collectif est dans un réveil sombre de son humanité. Nous savons que le temps de l'endormissement est révolu, qu'aujourd'hui la Terre nous prépare à ce réveil et nous enseigne à être des Hommes nouveaux. Ce nouveau temps nous demande d'ouvrir en grand nos cœurs comme nos esprits.

Il chasse et purge à l'heure actuelle les fantômes collectifs. Il demande de nous reconnaître dans notre identité, de cheminer ensemble par nous-même, de nous dévoiler afin que nous sortions de l'ombre. Ce réveil peut être brutal car si nous étions dans une forme de léthargie, de repli, de confort, il nous amène à modifier notre ancrage émotionnel, nos croyances et à nous réadapter ou à penser un changement de vie. Ce processus d'urgence à œuvrer pour la terre, crée cette sensation de gravité, fait chavirer les cœurs, réoriente les sentiments de peur ou de colère vers une recherche de vérité et d'harmonie.

Nous sommes actuellement dans cette transformation, ce renversement de nos habitudes, dans ce retour vers la prudence et la simplicité. Nous agissons pour être mieux et donc meilleurs. Nous voulons aujourd'hui un nouvel espace plus sécurisant dans lequel protéger nos familles, notre santé, posséder moins mais vivre mieux. Nous cherchons à fuir et à migrer vers un monde plus stable allant vers l'entraide, la bienveillance et l'espérance. Nous sommes tous sans exception en train de migrer vers des terres, des espaces, des pensées, des croyances d'amour. Ce processus nous fait sortir de nos embryons, de nos conditionnements, de l'infantilisation ce qui ne laisse guère de place à l'émotionnel. Nous avons à muter vers plus de maturité et d'authenticité pour affronter notre nouveau monde. Nous allons voir la vie et comprendre qui elle est. Nous entrons dans une ère complexe qui nous demande, tel le rafraîchissement d'un disque dur, de lâcher et d'abandonner tout ce que nous savions, pensions, afin d'être les plus performants. Cette nouvelle ère nous dit d'ores et déjà que nous pouvons oublier tout ce que nous pensions savoir. Nous devons abdiquer devant cet éveil collectif immensément grand et dont la chef d'orchestre reste notre Mère sacrée.

La vague d'amour qui nous élève en cette fin d'année 2017 nous permet de lâcher tous les aspects contrôlant notre vie. Nous savons que nous avons à nous ouvrir et à nous démarquer de ce siècle ancien. Nous sommes appelés à sortir de nos coquilles et à nous manifester dans notre lumière afin d'ancrer la nouvelle conscience. Nous tournons la page d'un cycle difficile. Les distorsions de temps actuels nous remettent sur la voie, sur les rails. Elles nous révèlent notre grande impuissance et à la fois nos grandes possibilités de créateurs, si nous en sommes conscients. L'univers exauce les vœux de tous ceux qui ressentent l'appel à œuvrer, à oser, bâtir, affirmer haut et fort leurs projets, leurs certitudes. Nous sommes à l'heure des choix où nous avons à nous positionner, à marquer notre volonté de faire et de changer. Cette énergie d'amour appelle à une véritable cohésion avec soi, à l'unité, aux grands rassemblements. Nous entrons dans un monde spirituel où nous allons devoir nous adapter à vivre selon de nouvelles règles de bienséance divine. Nous avons tout à réapprendre en matière de communication, dans notre façon de nous relier mais aussi d'écouter. Ce monde a besoin d'être entendu non plus avec des casques sur les oreilles, mais avec le cœur et l'attention compassionnelle nécessaire. Nous avons à nous brancher tous ensemble à notre source d'amour pour vivre cette grande vague d'harmonisation qui arrive sur nous. Nous avons à nous ranger et à marcher derrière notre Mère pour comprendre les enjeux de demain. Êtes-vous disposés à lâcher-prise et à déposer vos chaussons au seuil de cette nouvelle porte pour vous installer comme des enfants, le regard tourné vers les étoiles? A l'aube de cette nouvelle année, je vous souhaite de vivre pleinement ce chant sacré que nous transmet divinement notre Mère universelle.

Belle et heureuse année 2018 dans l'amour et l'harmonie.

I- Le Souffle du Renouveau

Les limites de l'Ancien

2017 s'achève sur cet espoir de renouveau. Malgré les changements politiques en France comme à l'étranger, nous sommes face aux mêmes inquiétudes et aux mêmes tensions dans le Monde. Les problèmes sont déplacés et se répètent car ils ne sont toujours pas traités. Nous sommes dans un monde qui touche à sa fin en matière de contrôle qu'il exerce depuis des siècles. Il a atteint ses propres limites. Toutes les vieilles structures artificielles, nos vieilles institutions sont en train de s'effriter car nous manquons encore de maturité pour exercer avec intelligence de coeur. Nous avons laissé mourir le fil qui nous relie universellement à la Conscience. Cette conscience souveraine qui nous amène à nos responsabilités et au discernement.

Nous avons abandonné notre pouvoir personnel dans les mains de forces politiques, religieuses, institutionnelles. Nous avons mis dans les mains de ceux qui les dirigent le sens de la Vie et du Sacré. Nous avons abandonné cette force de décider pour nous-même, cette force qui nous pousse à être nos propres chefs. Le Monde est passé sous silence et n'est plus que jamais face à lui-même, malgré cette vague de renouveau qui a amené tant d'espoirs dans les esprits cette année.

Les portes sur l'Ancien se sont refermées les unes après les autres après chaque passage d'eclipse. Cela nous a demandé de transcender nos peurs, de monter dans cette grande roue de la Vie pour voir plus haut et nous élever. Le passage de l'éclipse du 21 août 2017 marque l'entrée dans un nouvel espace dimensionnel. Nous avons eu aussi la sensation d'être placés face à notre sort.

Dans ce verrouillage, l'écho vibratoire de 2012 a subitement rejailli entraînant de nouvelles peurs et démesures dans nos croyances. Sa vibration 5 (2+0+1+2) a t-elle résonné 5 années plus tard, dans le coeur 2017? L'éclipse a ouvert en grand les portes du renouveau pour permettre l'entrée de nouvelles fréquences énergétiques venus d'espaces cosmiques bien plus lointains que notre système solaire.

Partout, nous avons tremblé craignant une fin du monde.
En réalité, cette peur est aussi révélatrice de notre éveil de conscience collectif qui marque la fin d'un monde. Cet éveil ne touche pas uniquement une seule et unique personne mais des grappes d'individus souhaitant s'extraire d'un monde en perte de valeurs pour cheminer vers plus d'authenticité. Nous

prenons ainsi conscience de nouvelles réalités. L'aiguille qui gère notre état émotionnel, est montée très haut et a pu se dérégler. En même temps, la résonance de Schumann, cette fréquence cardiaque de la Terre, a connu ses plus forts pics cette année ce qui montre à quel point le changement vibratoire terrestre nous impacte tant émotionnellement, énergétiquement que spirituellement.

Si nous avons pu ressentir ces variations du champ électro-magnétique de la Terre par des symptômes de douleur ou de fatigue physique, ces impulsions du « nouveau temps » nous ont positionné face à une réelle volonté d'évolution et de grandeur. Allons-nous être aussi grands que nous le pensions pour affronter cette vague géante qui déferle dés à présent sur nous? Que savons-nous réellement de la Vérité? Nous voulons le changement sans être conscients des voies par lesquelles il doit passer.

Les énergies de 2017 ont touché et pulvérisé tous les codes de l'ancienne matrice, ont stoppé les processus involutifs de notre société nous amenant à nous interroger, à porter de l'attention sur ce qui n'avait pas de prix, à repousser nos plans, les mettant sous panne sèche pour une meilleure restructuration. Nous sommes dans un monde en pleine « réformation ». L'explosion des vieux appareils permet de revenir à la fusion et à la synthétisation des matrices pour une refonte des identités. En France, les appareils politiques ont explosé pour laisser place à plus de vérité. L'humanité est accompagnée pour sortir de la fin d'un règne, d'un pouvoir, d'un cycle. Ces montées vibratoires ont permis de lever les voiles sur la falsification des consciences. La Terre nous ramène en son sein. Mourir et renaître tel est le processus naturel et universel qui permet de nous dépouiller et de s'affranchir mais qui nous ramène aussi au devoir de rebâtir.

En quête d'authenticité

Nous sommes entrés définitivement dans l'ère de la Conscience qui nous appelle à nous interroger sur les fondations de notre vie. Les hautes phases vibratoires alliées à l'accélération du temps ont permis de déconnecter la «conscience improductive» qui a mené l'échec de notre humanité et de ses systèmes afin de la rebrancher à une source plus belle et plus propre comme un diamant. Depuis la fin 2016, les puissances vibratoires chargées d'amour, telles des vagues d'énergies cristallines se déversent sur la Terre. Ce sont les nouvelles fréquences qui s'ancrent et qui nettoient la surface et les différentes couches ou strates terrestres. Nous sommes entrés dans cette ère du diamant qui scintille par son feu multicolore. Il est le symbole de notre nouvelle terre et de ses nouvelles harmoniques en cette fin 2017.

2017 est un appel à la Lumière et le rappel de la lumière dans nos cœurs. Le cœur nous fait découvrir le chercheur de vérité qui se cache en nous et qui est en quête de sens. Nous avons besoin pour comprendre le sens caché de toute chose, de nous reconnecter à notre cristal, cette partie la plus pure comme le cœur de notre Maman, afin de donner un sens à nos actes et faire que la vie soit Vie. L'amour donne un sens et ouvre sur des prises de conscience. Le chercheur de vérité revient au sens et à tout ce qui émane de lui-même. En cherchant à partir de son cœur, il découvre de nouveaux espaces de vérités. Il retrouve aussi cette dignité, cette légitimité qu'il recherche dans son éveil afin de trouver sa place.

A partir de ces nouveaux espaces, nous avons matière à travailler et à rencontrer de nouvelles régions du cœur à soigner. C'est une recherche d'authenticité comme un grand soin de conscience qui nous accompagne vers le renouveau. L'année 2017 est un temps de réalignement nécessaire pour que les êtres se réancrent dans leur cœur, aillent vers l'essentiel et la Paix. 2017 renferme cet "Esprit des Lumières", ce souffle du renouveau qui donne la possibilité à la grande Lumière du Créateur de vivre en nous. Cet esprit nous apprend à devenir nos propres Maîtres.

Le renouveau est marqué par l'avènement de la nouvelle conscience. Cette semence du Féminin appelle les femmes a soigné leurs blessures passées, à sortir du contrôle matériel qui exigeait d'elles une certaine tenue, une certaine moralité et a amené tant de détresse et de masques durant ces derniers siècles. Il est temps de redonner vie et place au Féminin dans sa chair et d'accorder à l'Homme la possibilité d'être vrai. Ces aspects discordants ont fragilisé toute notre vision du futur et ont amené à concentrer le pouvoir sur la puissance et la domination. Cette domination s'exerce partout sur tout ce qu'il y a de plus pur et de plus fragile: les peuples, les animaux, les enfants, la nature. Il est temps de focaliser aujourd'hui notre regard sur nos matrices, sur nos émotions afin de nous rendre compte de la place et de l'importance que nous avons donné à ce jeu de pouvoir et de choisir une place nouvelle en notre monde intérieur afin qu'il s'harmonise à nouveau et profite à la Lumière du Monde. En répandant cette semence, le Féminin permet à son Masculin de trouver le chemin d'équilibre et de balance. Elle permet d'entrer en cohérence avec le masculin et de lui apporter l'eau nécessaire à la clarification de son être.

Cette graine s'est déposée en chacun de nous. Nous avons à prendre en compte cette lumière intérieure pour voir avec le cœur. Cette année nous permet de reprendre notre juste place, de nous ré-appartenir. Le cœur expansant, nous avons à nous laisser bercer par la joie. 2017 marque l'éclosion de cette "joyeuse Conscience". La jeunesse de l'esprit symbolise cette éclosion. La force de la jeunesse est puissante et elle est l'espoir du renouveau. Il nous appartient de la défendre et de la protéger.

Vous êtes peut être nombreux en cette fin d'année à mieux vous reconnaître et à marcher vers vos responsabilités d'hommes et de femmes, libérés des barrières ou blessures personnelles. L'avenir est beau et fort lorsqu'on cherche à le comprendre dans sa vérité. A partir du cœur, nous étendons la joie jusque dans nos cellules. On peut comprendre en ce sens l'opportunité que la vie nous tend de guérir notre coeur. Le cœur est la porte de l'âme et donc le réceptacle de Vie. Alors savez-vous ce qui vous met en joie aujourd'hui?

Ce monde enclin à la sobriété nous appelle aux joies simples du cœur. Cette fin d'année 2017 nous rebranche à l'énergie du renouveau et nous demande de faire confiance en l'horizon qui s'ouvre devant nous. Naturellement, nous sommes poussés à reconnaître que nous sommes tombés dans les mains de l'illusion, que notre monde et sa cadence folle ne sont pas réels. C'est le phénomène de désenchantement que la société moderne peut connaître.

Le processus d'ascension

2017 nous installe dans cette quête de vérité mais aussi d'ascension. Ce phénomène d'ascension est une descente vertigineuse en soi qui nous ramène à l'unité. Le corps, l'âme et l'esprit sont trois portes qui nous amènent à la connaissance de soi et ouvrent le portail de la connaissance universelle. Il ne s'agit pas ici d'un plongeon dans un monde virtuel ou illusoire mais dans un monde encore inexploré. Ce phénomène d'ascension nous donne de nouveaux repères dans l'espace temps. Ce processus solaire permet l'expansion de la Conscience, l'éclairage, la révélation voire l'illumination de notre face cachée. Il s'agit du passage de l'ombre vers la Lumière. Dans cette phase, l'humanité est en train de transférer ses énergies mentales contenues dans son cerveau gauche en énergies spirituelles dans son cerveau droit ce qui l'amène à la spiritualisation, à quitter le monde de l'égo pour découvrir le chemin de l'âme. Cette révolution solaire permet de libérer les âmes qui ont purgé leur karma, de ne plus en être les victimes, les bourreaux ou les sauveurs. En sortant de cette triangulaire, elles deviennent les propres créateurs de leur vie. Le chemin d'ascension nous amène vers cette vérité et vers l'éclat. Les âmes comprenant cette ascension actuelle sont incarnées pour vivre ce cycle christique afin de se mettre au service de leur âme. Notre génération est venue chercher l'amour, la vérité et la justice.

Le chemin spirituel ne peut se faire sans amour de soi. Cela demande de prendre l'ascenseur, un ticket vers l'inconscient afin de comprendre ce qui nous limite. Les personnes ayant fait cette expérience de bascule de façon brutale voire écrasante émotionnellement en 2017, ont sans doute été raccordés au cœur. 2017 nous a aidé à descendre en nous-même pour défricher nos terres intérieures afin que nous apprenions à cultiver notre jardin. Elle nous offre cette profondeur de plus, cette possibilité d'accéder à nos racines et à notre immense savoir mais aussi la possibilité de nous appartenir à nouveau, de revenir à notre structure profonde, à ce qui nous forge afin d'entrer comme dans la majorité ou la maturité. Nous avons pu nous sentir démunis face à cette obligation de lâcher prise. Nous sommes en cette fin d'année dans les grands «au-revoir» à l'ancienne matrice, les anciennes connaissances, aux structures patriarcales ou matriarcales, verrouillées, qui conditionnaient nos vies. Nous fermons définitivement les portes aux lois du passé, celles que les Hommes ont érigées pour mieux contrôler ou asservir. Nous allons devoir réapprendre comme un recyclage des esprits, la réalité des lois divines et enseignements du cœur qui ne seront plus étrangers à nous mais à intégrer tout au long de ce siècle. Tout est à reconstruire mais avant de reconstruire, il était important de nous pacifier pour comprendre ce qui est en train de mourir d'un côté et ce qui est en train de renaître de l'autre. La Terre reste très protégée en cette fin d'année. L'esprit de paix a achevé un premier travail de protection et de guérison à la fois des âmes comme de la Terre. Nous sommes passés à côté de conflits majeurs sur un plan mondial qui auraient pu être dévastateurs.

Il est impressionnant de voir l'évolution majeure qu'a orchestré 2017 sur l'éveil des consciences, notre prise de hauteur, notre propre vision de grandeur, notre réelle maturité. 2017 boucle et fait un joli noeud sur nos désillusions. Elle a appelé à l'insurrection des pensées. Apprenons à remercier et à nous questionner sur ce sens qu'est la vie et l'amour comme un examen de conscience qui nous questionne: vers quoi voulons-nous tendre désormais?

En cette fin d'année 2017, nous nous envolons de nos propres ailes et continuons à nous élancer vers le ciel pour rejoindre les sphères dorées 2018. Cette nouvelle année qui s'annonce est prête à concéder plus de confort à condition que nous nous abandonnions avec sagesse et aptitude. Si ce que vous avez vécu tout au long de cette année vous a paru fade et sans saveur, soyez prêts à déguster en 2018 ! 2017 nous a placé dans une grande lessiveuse, 2018 enclenche le cycle essorage. La loi de l'Eveil nous appelle à la transcendance, à nous dépasser, à nous élever encore plus haut et plus fort. Cette nouvelle année 2018 annonce les grands changements brutaux tant attendus depuis les prophéties des Anciens. C'est un passage de l'ascension des plus périlleux et à la fois le plus important pour notre humanité. Personne ne sera épargné. Nous sommes placés dans cette pente vertigineuse qui amorce un retour empirique vers ce que nous sommes réellement. 2018 révèle la force et la puissance d'amour que 2017 a entonné et dont la résonance peut tout dévaster sur son passage à condition que nous soyons prêts à émerger vers une nouvelle conscience, à éclore, à faire naître ce beau projet de vie qui attend en chacun de nous. L'heure n'est plus aux batailles de génération, aux guerres de conflits et d'intérêt mais à la conversion des coeurs et des esprits pour revenir simplement à la beauté de la vie. Il est temps d'inverser les rôles, de reconstruire pour tous ceux que 2017 a mis ko. Il est temps d'être purgés de notre orgueil pour entrer véritablement dans nos fonctions et responsabilités.

II- La grande vague de transformation

La révolution solaire

Nous poursuivons le flux énergétique 2017 et entrons dans 2018 dans cette continuité comme si l'heure était au travail, à la gymnastique des corps et des esprits. Nous ne subissons aucune coupure de temps et les vagues succintes des derniers mois ont intensifié le moteur, le rush des forces nouvelles ascensionnant sur terre et commandant notre révolution intérieure. Autant dire que ces nouvelles fréquences nous forcent déjà au travail et vont appuyer encore plus intensément tout au long de l'année. Nous continuons à nous élever et à passer de palier en palier comme une traversée des nuages qui nous appellent à transcender les brouillards de nos vies. Cela demande des efforts, de la constance et de l'alignement pour tenir fort et en phase avec ces nouvelles fréquences de temps.

Notre système solaire vit actuellement sa révolution et sa transformation. Nous pourrions être spectateur cette année d'une onde de choc, d'une explosion provenant d'une collision ou d'une fusion de masses entre deux système solaires, deux étoiles, deux hémisphères cosmiques débouchant sur la naissance ou la création d'un tout nouveau schéma universel touchant sa matrice, son organisation, sa combinaison. Tout notre ciel tend à se réorganiser et à fusionner de façon unitaire ce qui entraîne légitimement une réunification de toutes les connaissances, codes et matrices universels. Notre système solaire peut être rebranché à une nouvelle source de "carburant" permettant d'augmenter à la fois sa capacité respiratoire et son rayonnement solaire. Tout notre espace tend à fusionner "tridimensionnellement" comme un trigone universel donnant lieu à une harmonisation de notre système solaire. Tout l'adn de l'univers tend à se modifier. Ces modifications quantiques vont permettre à la Terre et à ses habitants de recevoir de nouveaux enseignements tournés vers l'acquisition et le respect du Savoir Sacré.

Nos âmes comme la Terre avancent, tournent tout autour du Soleil et vivent ce grand remaniement dans cet inconfort en ayant à se replacer et à se réaligner sans cesse, pour trouver un nouveau point d'ancrage. Il est légitime que nous soyons bousculés et perdus dans ce périple ascensionnel. La grande révolution de notre espace cosmique nous touche puisqu'elle révèle notre véritable lumière sur tous les plans: affectif, émotionnel, intellectuel, spirituel, mental.

Elle modifie également la structure de notre adn ainsi que notre structure physique. Nous sommes aidés puissamment à nous modifier pour faire face aux changements et aux dangers viraux qui guettent l'humanité. Le chavirement de conscience mis en route en 2012 mais réellement activé en 2017, nous fait regagner notre identité spirituelle et nous place, de ce fait, dans l'expression de notre beauté christique. Les êtres solaires que nous sommes, incarnés dans la chair, sont irradiés, chargés, pour venir en aide à la Terre dans cette période de transformation.

Nous sommes dans ce processus de "solarisation" où l'expression du soi est brillante. Ce processus entraîne également une fusion de tous les champs de conscience universels. On parle "d'unité cosmique". Sur un plan énergétique, il s'agit d'un appel à nous recentrer et ne faire qu'un dans notre coeur. Cet effet de "solarisation" appelle à une transformation radicale et amène à la conscientisation de l'humanité grâce à l'accroissement et l'amplification de son champ d'amour.

Le pouvoir des forces de transformation
Cette transformation solaire permet d'irradier la terre et de libérer un grand chapiteau arc en ciel tout autour du globe. Nous sommes protégés par ce grand arc en ciel qui se déploie et oeuvre tout autour de nous comme un bouclier. Il donne naissance à une immense vague d'amour et d'harmonisation de l'automne 2017 jusqu'à l'automne 2018. Ce rayonnement nous place dans une bulle protectrice et nous donne ce temps de repos, de pause pour réapprendre à vivre, à enchanter nos vies non pas en tombant dans l'illusion mais dans la magie. Celle où "l'âme agit". La Terre nous éduque et nous donne ce temps pour poser des actes, choisir une nouvelle orientation. Elle nous replace afin d'entrevoir notre nouvelle destinée.
Nous avons dans ce grand passage la capacité de nous transformer, d'émaner, de rayonner notre propre fréquence, de saisir aussi les opportunités grandissantes sur nos chemins mais aussi nous allons avoir le temps d'agir pour nous comme pour la Terre. Les personnes se reconnaissant dans ces nouvelles fréquences que le coeur de la Terre émet, vont pouvoir se reconstruire et retrouver le chemin de dignité. Si il y a reconnexion à cette grande chaîne d'amour, les êtres de coeur, conscients de leurs véritables potentiels peuvent

ressentir beaucoup plus de vulnérabilité. Leurs sentiments peuvent être exacerbés cette année: ultra-sensibilité, innocence, empathie, sentiments d'amour profond, joie spirituelle augmentée...

Pouvoir accéder à notre transformation demande à ce que nous regagnons notre force à transcender et à nous élever face à tout ce qui aujourd'hui ne représente plus notre manière de penser, de vivre, de vibrer en amour et peut au contraire nous nuire, nous assécher cellulairement voire nous pousser à mourir. Cela représente tout simplement la toxicité du monde. La deuxième force est la capacité de transmutation de la douleur, d'une souffrance, d'un choc par notre amour aux fins de délivrance. Les nouvelles fréquences actuelles nous demandent de poser des actes enchanteurs, d'illumination afin de transmuter la souffrance en expérience joyeuse. La troisième force est la pacification par l'art de la bénédiction. Savoir aimer est aussi savoir pardonner et bénir un lien qui n'a pas été reconnu. Cette libération est aussi transformatrice notamment en ce qui concerne les liens karmiques.

Ces forces opèrent entre ces deux temps équinoxiaux où il nous est demandé d'approfondir nos choix de vie. Nous n'avons plus à subir la morosité mais bien au contraire à la dépasser. Nous avons à surmonter par notre regard intérieur toute forme d'obscurantisme et à libérer l'esprit de ses frustrations. Nous sommes aidés à sortir du marasme. Nos routes peuvent se dégager et s'ouvrir sous ce feu multicolore.

Retrouver notre pouvoir créateur

Cette ère de transformation nous appelle à reprendre notre pouvoir personnel mais surtout notre pouvoir créateur. Cette nouvelle année restitue l'être dans sa grandeur. Nous vivons une véritable réorganisation ou réformation de l'esprit et de la pensée. Nous sommes appelés à bâtir notre nouveau monde en accord avec des préceptes de vie qui ne correspondent plus à notre monde matériel mais à notre âme. Cette nouvelle année nous instruit sur la manière d'oeuvrer de façon plus qualitative. La terre appelle à elle ses bâtisseurs, ses créateurs et ses entrepreneurs. Ces bâtisseurs n'oeuvrent pas pour eux-même mais parce qu'ils ont conscience de l'urgence. Ils oeuvrent pour honorer la Terre et toute création. Ils font parti d'une nouvelle vague émergente d'âmes sur terre, une nouvelle génération plus jeune et dynamique qui vient renforcer les pionniers en place depuis le XXe siècle. Ils ont la tâche d'élever leurs ambitions et de croire en eux, d'user de leur pouvoir de transformation, transmutant les souffrances en délivrance, les mensonges en révélation. Ils garantissent la pérennité des liens. Il est important de nous rassembler, de nous unir entre familles, communautés, de fusionner dans un esprit d'unité pour aborder les liens du coeur.

En étant ainsi interconnectés ensemble, dans l'effort et la reconnaissance mutuelle, nous donnons pouvoir au coeur. Nous permettons la circulation des énergies, donnons un souffle, un sens, améliorons la respiration du poumon de la Terre et transmettons de l'oxygène au plus grand nombre. Une nouvelle vie est à batir plus en conformité avec nos pensées créatrices. Elles consistent à créer le meilleur pour les futures générations. Notre capacité à être authentique dépend de nos intentions. A partir de nos intentions, nous pouvons projeter et ancrer dans la matière tout ce que notre esprit reçoit et conçoit. Nous sommes capables d'enchantement, de magie et d'alchimie. L'amour peut tout et créé tout.

Nous sommes tous appelés à refonder l'Esprit de l'arbre généalogique terrestre, dans le respect des lois de la nature et de nos écosystèmes. Tout ce qui est doit être protégé et non contrôlé. Nous permettons la restauration et la préservation des libertés, l'éclosion des souffrances mais aussi pour tout règne, la possibilité de retrouver sa place et sa grandeur dans son espace vital l'autorisant ainsi à disposer de lui-même, de vivre en harmonie comme de mourir dignement. Toute création a besoin, pour être initiée, d'un espace vibratoire où respirer, se développer, s'expanser et rayonner lui permettant ainsi d'exister. Chaque création donne lieu à une renaissance. Il n'y a pas de petites actions ni de petits créateurs. Le Créateur est partout, partout où il peut renaître.

La réforme de la Pensée
Par sa force, 2018 élève les idéaux et les ambitions. Nous sommes soutenus dans nos pensées. Malheureusement, si elles ne sont réduites qu'au profit, elles ne serviront qu'à renforcer la colère et la frustration. On peut assister à une ère où la pensée est réduite, elle impose une soumission par la peur et les machines.

En se focalisant sur l'ordre de nos pensées provenant du coeur, nous pouvons croître. Le lien d'amour à soi est le fil conducteur de nos pensées. C'est en cela que la découverte est riche et précieuse. A partir de cette expérience, nous pouvons connecter au divin et élargir notre champ de vision la plus lointaine qui nous amène à faire l'expérience de notre lumière intérieure. En soutenant des affirmations positives, la Terre nous dit que nous combattons le Néant: "je suis capable", "je peux le faire", "j'ai la force de"... Toute pensée est modifiable lorsqu'on décide de ne pas la subir. Nous avons pour cela à surmonter l'idée de nos croyances limitantes qui nous renvoient à notre petite condition, nos faiblesses, nos peines et nos défaillances intellectuelles, morales ou spirituelles. Nous n'avons pas à nous orienter vers la grandeur qui, elle, nous élève vers l'orgueil. Certes, l'esprit peut être grand mais nous avons à modifier nos idéaux de puissance, de construction empirique, pour favoriser l'éclosion d'un monde d'amour, simple et généreux. Pour cela, nous avons tout simplement à faire évoluer nos croyances et non les diaboliser. Cette nouvelle année permet de donner une nouvelle teinte arc en ciel à nos pensées qui s'harmonisent.

2018 est une année élévatrice et révélatrice de notre sort personnel comme collectif. Nous avons à émettre de nouveaux voeux spirituels plus combatifs, plus courageux mais aussi de nouveaux engagements par rapport à nous-même pour atteindre le monde des étoiles. Nous sommes la porte qui ouvre et libère l'onde de la pensée créatrice vers le champ des possibles régi par le Créateur. Ce passage est magique. Ce peut être aussi le moment d'exprimer tout ce que nous avons sur le coeur, d'exprimer le fond de nos pensées qui se révèlent sous l'onde de choc du renouveau, plus claires et assainies.

Plus nous élevons nos pensées positivement, plus nous tendons vers la beauté et plus nous participons à la disparition des dissonances astrales qui impactent aussi tout notre système émotionnel. Tout ce que nous sommes en pensées et intentions coulent cette année sous le flot des énergies qui se déversent depuis le cosmos et implantent dans la matière, sa graine la plus pure dans le terreau du coeur universel. Il est important de reconsidérer toutes nos pensées mais aussi nos paroles comme nos actions qui portent une résonance bien plus vaste et profonde. Les nouvelles fréquences nous poussent à manifester des pensées saines et sereines afin d'habiter notre souveraineté et notre puissance.

Cette compréhension spirituelle amène à l'état philosophique tout comme la Lumière de l'esprit amène à l'initiative de la Sagesse. Notre rôle est de grandir en esprit pour toucher cette semence du "pro-Créateur" qui renferme l'intelligence et les connaissances sacrées destinées au XXIe siècle. Cette année, la fécondité de la terre permet d'accueillir toutes ces nouvelles semences réformatrices. Les forces qui nous accompagnent dans ce grand passage vont permettre de faire éclore l'Esprit des Lumières et de favoriser pour les prochaines générations, les grandes ouvertures mais aussi les inventions, découvertes et progrès du monde de demain.

La réinitialisation des âmes
Nous sommes nombreux à chercher à comprendre qui nous sommes. Nous savons inconsciemment que cette "quête du graal" qui nous conduit à l'accession au Soi, nous fait toucher l'univers est ce que nous recherchons pour nous sentir en Vie.

En cherchant la voie initiatique de l'âme, nous cherchons puissamment la Vie. Cette capacité d'accès à l'âme nous permet de tenir dans un monde devenu fantomatique et anxiogène. C'est la clef si nous voulons vivre sur terre et retrouver de l'oxygène, un monde de vérités qui nous ressemble. Nous sommes cette année dans un processus de "réinitialisation des âmes". Elles achèvent un cycle de formation dont elles ont acquis les connaissances extérieures pour se diriger désormais vers un cycle de formation interne. Chaque âme est appelée à reprendre son pouvoir personnel et à être réinitialisée en accédant à son savoir originel. Les connaissances de l'âme ouvrent vers les connaissances universelles. L'âme est notre guide enseignant et nous fait recouvrir tout notre potentiel cosmique. Cependant, si les nouveaux enseignements nous interpellent sur la nécessité d'avoir accès à notre savoir inné, ils nous apprennent aussi que ce n'est pas dans une volonté d'être ou de faire que nous accédons à la maîtrise des connaissances universelles mais plutôt dans un profond détachement et lâcher prise. Nous avons à nous détacher de tout pouvoir de connaissance pour nous relier non pas en tant que Maîtres mais en tant qu'élèves. Nous avons dans ce nouveau cycle qui s'offre à nous, à accueillir l'enseignement de vie, à le cueillir directement sur l'arbre.

Cela nous demande naturellement de vivre dans la simplicité au contact de l'humain et du vivant. Nous avons à revoir la notion de libre arbitre qui coince lorsqu'il sert l'ego collectif et la division en encourageant, au contraire, la créativité dans le service au divin. Nous avons à quitter les liens qui nous rattachent à la connaissance poussiéreuse, à la recherche de savoirs de grands Maîtres, de fuir les bien-pensants pour nous rappeler que nous sommes déjà tout cela. L'initiation porte dans les valeurs simples de la vie. Il nous faut retourner vivre parmi elles.

Cette nouvelle ère couverte par les bombes et les fracas nous appelle au Sens. Nous pouvons être enseignés par le vivant en nous reliant à lui. Nous comprenons alors que nous sommes des êtres initiés par la vie. Rien ne nous sépare. Cette communication est vibratoire et se vit directement par la puissance du coeur.

Cette nouvelle année laisse entrer une nouvelle source de connaissances tel un barrage hydraulique cédant pour arroser notre terre appauvrie, bloquée par l'illusion d'un monde trop moderne. Nous sommes habités par les nouveaux enseignements. Nous avons à rassembler tous les morceaux du puzzle pour comprendre nos histoires personnelles. Dans ce rassemblement, la lumière regagne les esprits et peut mettre fin à la confusion mentale, à la dispersion.

A contrario, nous pouvons nous montrer vulnérables, à vif émotionnellement ce qui peut donner lieu à des flots de larmes cette année comme si nous étions essorés. Symboliquement, la rupture de ce barrage hydraulique peut faire couler les larmes comme pour laver nos terres et nous permettre de nous alléger de poids que nous ne devons plus porter.

Il nous est demandé de nous élever plus haut que nos souffrances et blessures émotionnelles pour favoriser l'éclosion de nouvelles formes de pensées plus belles et plus harmonieuses. Nous sommes ensemble pour batir une ère d'unité mais avant cela l'humanité va devoir passer par une phase de balance où chacun d'entre nous doit regagner son pouvoir créateur pour réformer ses pensées et faire aboutir un monde qui lui ressemble et nous rassemble. La révolution solaire entraîne celle des esprits afin que nous réussissions tous ensemble à penser le même langage, celui du coeur. Le Vivant parle au coeur et ouvre la voie vers l'initiation quantique. C'est en prenant conscience que nous sommes tous petits que nous comprenons l'importance de tous les règnes. Nous pouvons prétendre à regagner notre place dans ce grand univers, à parler le même langage tous ensemble et nous adresser aux étoiles en étant présent, harmonieusement avec nous même comme avec tout le cosmos. Nous pouvons reprendre notre place dans le sacré et rendre à chaque espèce sa place dans le sacré. Nous sommes ensemble dans ce convoi international menant toute âme à briller avec authenticité. L'esprit brille lorsqu'il a connaissance de sa lumière. Il prend sa force en créant ce qui est juste et permet à l'être de se positionner dans sa mission de vie.

L'acquisition des nouvelles connaissances solaires
La révolution solaire entraîne la mutation de notre espace cosmique et la remise en ordre de ses connaissances qui se solarisent cette année. Cette ère de transformation réforme tout le savoir mais aussi le langage codé et vibratoire de la matrice universelle. Cela impose une réadaptation de notre langage

corporel comme celui de notre coeur et de notre lumière, dans la matière. Tout notre espace solaire est remasterisé et nos connaissances sont renouvelées. Elles se réadaptent à un nouveau temps ce qui induit, pour l'homme, à comprendre non plus avec son cerveau mais avec son coeur, son espace mais aussi l'univers, ses codes, son imbrication et son nouveau champ de conscience. Nous entrons en fusion avec la puissance de l'Amour universel et sommes déconnectés de l'amour dit cérébral. Nous sommes rééduqués à aimer différemment, avec l'intelligence du coeur. Plus l'âme se rapproche de son origine et plus elle retrouve son langage vibratoire que l'on nomme aussi galactique. Ce langage vibratoire passe par notre entendement et notre capacité à recevoir avec le coeur pour ainsi entrer en fusion avec sa conscience supérieure. Ce nouveau langage vibratoire permet d'entrer en résonnance avec les lois cosmiques qui possèdent elles aussi leur propre sonorité. Ces lois cosmiques peuvent réformer le mental humain et son conditionnement parfois extrémiste qui nourrissent l'ego collectif et les différents égrégores. Elles agissent afin de provoquer la guérison de nos pensées sur terre. Nous avons à nous astreindre à ces lois qui, fusionnées entre elles, restituent pour ce nouveau siècle un flot de nouvelles informations destinées à libérer l'homme de sa pensée malveillante, soumise à la souffrance ou injuste envers lui-même. On parle ici d'un processus de dédiabolisation des pensées ou "d'exorcisme de conscience" qui consiste à assainir toutes nos projections intérieures, celles tournées vers notre propre diabolisation, comme nos projections extérieures, celles tournées vers le monde.

- **La loi du déterminisme**

Lorsque nous sommes dans la conscience c'est à dire dans l'alignement corps/âme/esprit, nous faisons corps dans l'esprit d'unité. Nous avons la possibilité de reconnaître cette force qui naît de cette loi du déterminisme. Ce déterminisme dont il est question n'est pas relié au déterminisme philosophique. Il est en lien avec notre esprit créateur qui part de notre vision solaire, celle de notre "3e oeil" logée dans notre glande pinéale. A partir de cette visualisation solaire, nous orientons notre destin et permettons de l'ancrer dans la matière. Nous avons la capacité de repousser les échéances, la possibilité de recréer, d'annuler, d'effacer et de re-créer à nouveau dans de nouvelles dimensions de temps, en alignement avec notre vision d'âme. Nous avons la capacité de déterminer notre vie et de réorienter notre destin en fonction de nos besoins spirituels. Nous sommes des créateurs utilisant la magie de vie. Cette magie nous permet de créer sans limites de nouvelles opportunités et d'ouvrir notre destin vers des espaces merveilleux. Toutes les lignes directrices changent d'alignement et facilitent ces expériences créatrices. Quand nous prenons conscience de ce déterminisme, nous devenons des magiciens. Nous pouvons avoir accès à de nouveaux champs de conscience qui dépassent notre entendement ou expérimenter de nouvelles capacités, une nouvelle réalité.

- **La loi d'abondance**

La Terre s'ouvre à une nouvelle source d'abondance. Elle peut couler sur nous cette année et vient modifier toutes nos croyances limitantes concernant le jeu de pouvoir relié à l'avoir, la possession, l'acquisition, les richesses. Ces modifications insistent sur le fait que nous ne sommes pas pauvres mais riches dans notre coeur et que nous avons tout à disposition au coeur du vivant. Nous avons à adopter un nouveau tempérament face à notre relation à l'abondance. Il est temps de nous déconditionner par rapport à la prohibition de la notion d'abondance, de changer notre façon de penser et de concevoir aussi nos idéaux de richesse souvent reliés à des formes-pensées involuées.

Ce nouveau branchement permet d'ouvrir et de favoriser l'abondance autour de nous. En apprenant à nous relier, à démystifier cette nouvelle source, nous apprenons à donner, à créer et à répandre tout autour de nous. Nous sommes les dépositaires du nouvel ordre de l'abondance. Les nouvelles forces en action mettent un frein à cette frénésie de prendre, d'abuser, de voler, de faire du profit en étouffant les terres comme les coeurs. Il est temps de réduire notre appétit de vivre et de restaurer l'équilibre entre les règnes. Il est de notre devoir de réapprendre à semer pour alimenter, de devenir le canal de rebranchement qui conduit de cette mort fratricide à la Vie et ainsi permettre au monde de retrouver son éclat.

Il est aussi important de se réattribuer de la valeur. Plus nous nous affirmons dans notre estime de soi et plus cela accroît ce sentiment ou cette croyance d'"être chanceux". Il est possible que nous devions faire le deuil d'un passé pour nous réengager dans une voie plus salutaire. Nous redéfinissons nos vies au fur et à mesure que nous comprenons qu'à partir de ces petits riens, nous faisons de grands tout. La nouvelle source d'abondance à laquelle est désormais raccordée la terre continue de croître au fur et à mesure où nous osons croire en nous et en osant nous apporter cette graine de confiance. Cette source grandit en nous, continue son chemin croissant vers la lumière et favorise l'émergence d'un nouvel état d'être. Nous sommes des catalyseurs. Tout ce qui s'oppose à soi, à l'âme et donc à la vie est contraire à la nouvelle loi d'abondance qui nous dit que tout est possible. Elle nous enseigne sur le fait que nous sommes un tout et que nous pouvons tout.

- **Loi de résonance:**

La loi de résonance permet de comprendre que toute chose vibre ou possède une vibration. Tout ce que nous portons en nous résonne tout autour de nous et au delà de nous jusqu'aux étoiles. Nous rayonnons par la force de nos pensées mais aussi par notre capacité à vibrer intentionnellement. Par cette action, nous avons la capacité d'émaner et de passer commande auprès de notre grand Univers. Cette nouvelle année nous permet d'être au plus proche des étoiles et de recevoir plus rapidement, dans la matière, la manifestation de nos pensées et intentions. Il est donc important de porter toutes nos aspirations profondes vers les étoiles.

La Terre conduit les hommes de bonne volonté vers leur mandat d'incarnation en nous enseignant le respect fondamental que nous devons à ses terres, à ses règnes et ses éléments car ils possèdent également leur propre vibration. Nous avons à instaurer un dialogue d'amour. On ne peut prendre connaissance de son langage qu'en s'attachant à ce qui est infiniment petit. Etudier le monde, c'est étudier au travers de l'infiniment petit son propre langage cellulaire. Il est important d'être disposé à nous ouvrir pour écouter et entendre les messages de ce qui provient du plus petit en soi ou autour de soi. Nous n'apprenons pas à vivre avec le vivant en le décodant, mais en le reconnaissant en nous jusque dans nos cellules. C'est une fusion alchimique. Nous avons mission cette année de connecter avec cet infiniment petit. Ce vivant nous porte vers des enseignements solaires car ils sont gorgés cellulairement de toutes ces nouvelles informations qui s'implantent actuellement sur notre planète. Cela nous force à un retour à soi, une écoute qui favorise la joie spirituelle, la félicité, la paix intérieure.

-J J J- Un tsunami d'amour

L'amour descend sur terre

Cette vague de transformation ressuscite l'Amour. Nous pouvons nous attendre à une grande onde d'amour comme un effet "maharishi". Cette onde de choc puissante peut être révélatrice de notre état ou évolution de conscience qui cherche à s'aligner et s'harmoniser. L'amour peut frapper fort cette année, nous faire chavirer, nous tourner la tête ou nous mettre KO. L'univers peut nous mettre une grande claque d'amour cette année pour nous faire basculer dans les énergies de la nouvelle conscience. Pour les personnes cherchant à entrer dans ces nouvelles fréquences, les portes peuvent s'ouvrir plus fluidement et harmonieusement.

Cette phase illuminatrice annonce une rétribution, une reconnaissance de tous les efforts passés. Il restitue l'amour propre, la dignité, la reconnaissance. Il y a une reconquête des âmes ou de nos âmes. Il est clair que le moment n'est pas venu de mettre la clef sous la porte mais bien au contraire de s'exprimer avec authenticité, de ne pas nous négliger, de ne pas céder et de tenir bon. L'âme a besoin de s'afficher divinement. Nous avons tous à parler au nom du cœur et de l'amour. Les énergies dans ce passage nous demandent de tendre vers l'ouverture, d'embrasser notre potentiel humain ou toute l'humanité. Il n'y a rien de prétentieux à s'estimer. Au contraire, c'est dans ce bouillon divin que nous sommes appelés à plonger après avoir subi les lourds traumatismes de notre histoire. En travaillant dans ce respect à soi, sorte de fusion alchimique avec notre âme, nous pouvons accéder à une meilleure compréhension de l'être. En ce sens, nous allons vers une refonte des cœurs et une réorientation de nos choix d'incarnation basée sur la volonté de l'âme et non de l'ego, ce qui aboutit à un travail de reconstruction personnelle.

Les familles spirituelles décimées, décomposées se retrouvent. Nous quittons un monde d'origine "karmique" pour avancer désormais vers un monde relationnel plus spirituel et harmonieux. Nous avons "payé" nos dettes au prix de nombreux efforts , purgé des peines et nous pouvons ressentir dorénavant cette forme de joie immense nous préparant également à l'avènement solaire qui célèbre le grand retour de l'amour sur terre. Nous sommes prêts pour faire des rencontres qui nous ressemblent et de ce fait qui nous élèvent. On assiste à des retrouvailles très fortes entre les âmes et leurs familles spirituelles.

Nos mondes et visions intérieurs se transforment. Nous sommes aussi préparés à voir le visage du monde se modifier. La souffrance qui se détache des corps de la terre est à l'image de tous ces peuples déracinés, amenés à fuir des conditions terribles et à se diriger vers des issus de secours. Les frontières vont continuer à céder pour accueillir les réfugiés, les malades. Nous sommes dans un monde en pleine ouverture qui ne peut plus être contenu simplement par des frontières. Les frontières sont devenues des barrières illusoires qui seront difficiles à maitriser. Elles peuvent céder et créer comme un ras de marée de souffrances et d'impuissance à travers le monde. Nous pouvons assister à une transformation de pays ou de continents par l'arrivée massive de peuples fuyant de toute évidence les conflits ou la misère. Il est important dès à présent de ne plus penser le monde du passé mais de nous ouvrir au monde de demain en focalisant notre regard sur l'avenir. Tout comme les peuples se libèrent de leurs souffrances existentielles, la Terre continue le drainage de ses mémoires traumatiques qu'elle porte illégitimement en continuant son chemin d'illumination.

La Terre nous interroge: avons-nous pensé à trouver l'essence même de l'amour? Regardons en nous la manière dont nous nous aimons car le regard que nous portons sur nous-même est celui qui détermine la façon dont nous aimons le monde.

Un nouvel ancrage
La transformation solaire nous demande de nous réancrer sur de nouvelles lignes de temps et donc de nouvelles fréquences vibratoires. L'année qui vient de s'écouler nous a rappelé où était la place de notre coeur et a procédé à une remise en ordre de nos programmations affectives. Les nouvelles fréquences 2018 vont nous permettre de nous installer plus profondément dans notre temple, de nous ancrer non plus dans les émotions mais dans des sentiments meilleurs et d'y faire notre nid. Ce nouveau branchement opère aussi une réparation des matrices qui gèrent et programment tout notre système émotionnel. Il clôt un chapitre et éteint les lumières du passé. Nous sommes appelés à prendre place dans notre nouveau vaisseau qui est dirigé par la fréquence diamant, une source énergétique d'amour pur. Dans cette transition, la terre peut perdre un implant énergétique et se désolidariser de vieux traumatismes ou de vieilles mémoires. Elle nous appelle à nous rebrancher

et à nous reconnecter à une nouvelle source de joie et de valeurs. Cette perte énergétique peut nous faire perdre pied dans toute cette illusion grandissante. Nous pouvons être mis sous hypnose, être enivrés, saoulés par toutes ces lumières illusoires. L'énergie de 2018 nous invite à quitter le monde des paillettes et à revenir à la simplicité. Elle refonde les cœurs mais aussi le cœur de la société et ses mondes inférieurs. Cette nouvelle année peut nous mettre sur un piédestal, nous placer dans une lumière qui nous demande d'être bien attachés à nos valeurs et à notre intégrité. Le concept d'ancrage devient un élément déterminant pour ne pas perdre cette année le sens des réalités.

D'ailleurs, ce concept n'est pas de l'ordre du sentiment mais devrait faire parti d'un état d'être. Nous l'avons perdu par manque de connaissances de soi et d'autonomie. La Terre nous rappelle à elle et nous dit de fouler ses terres avec nos pieds. L'ancrage est nécessaire si nous voulons communiquer avec elle. Si nous marchons à un mètre du sol énergétiquement, il est impossible de saisir la résonance du coeur ou maîtriser le langage vibratoire. Ce manque d'ancrage fait que nous ne sommes plus dans l'écoute mais dans la confusion, le parasitage mental ce qui nous rend plus vulnérables psychiquement comme émotionnellement.

Notre mère insiste sur la nécessité de nous enraciner. Cette rencontre avec la Terre est aussi une rencontre avec nos mémoires ancestrales qu'elle porte dans son ventre. L'âme jaillit de ces temps anciens où elle était encore beauté nature, sans trucages, ni falsifications. Connaitre notre genèse d'âme nous permet de renouer avec notre identité solaire et notre beauté divine. Il est évident que s'ancrer n'est pas seulement le fait de marcher dans l'herbe. La notion d'ancrage est avant tout une conscience à avoir de soi qui nous rend nos habits de lumière. Le concept de l'ancrage n'est pas dédié aux besoins de vivre mais d'être. Elle appelle aux responsabilités et à la volonté de se porter Soi dans le vivant et parmi les vivants. Le problème de l'ancrage peut provenir d'un problème existentiel plus profond qui nous amène à nous questionner sur le sens de notre incarnation.

Cette nouvelle ère d'amour promet à l'âme de réinvestir son corps de chair et à l'amour de s'affranchir librement, comme si nous nous déconnections de la folie du monde à laquelle nous n'adhérons plus. Nous nous sommes incarnés pour vivre une histoire d'amour avec la Vie. Le bonheur simple réside dans cette volonté d'exiger l'amour et de dire non légitimement à la tragédie de notre siècle. Nous n'avons pas à rêver notre vie mais à s'attacher à vivre chaque instant avec elle. Si nous rêvons notre vie c'est parce que nous ne nous attachons plus à la réaliser mais parce que nous vivons le désenchantement, la passivité et l'inaction dans lesquels notre triste monde nous a accouché. Ce monde d'amour a été transformé en champ de bataille qui a ruiné le moteur existentiel du coeur.

Aujourd'hui, l'éveil collectif nous détache de toute cette souffrance que nous n'assumons plus en tant qu'être humain. Notre âme est venue épouser le Bonheur et c'est ce que nous allons pouvoir expérimenter désormais.

La terre nous enseigne cette année à être honnête envers nous-même et d'intégrer complètement le Soi à travers l'amour que nous nous portons. Les nouvelles énergies appellent à un retour à la probité. On ne peut être fiable si l'on se ment et que nous sommes dans le déni à soi, dans une attitude dévergonde. Il est important d'être soudé comme une équipe. A partir de cette relation sincère, nous améliorons notre solidité, notre présence à la terre et favorisons notre histoire personnelle. Nous avons à nous révéler, à faire émerger une partie de l'iceberg, cette partie non révélée, encore enfouie en nous pour entrer dans l'éclat de notre personnalité.

L'appel 2018 est un appel à conquérir chaque place, chaque contrée en offrant de son temps et de son amour. Nous en sommes les gardiens. Nous n'avons plus beaucoup de temps pour ordonner l'ordre du renouveau. Nous sommes appelés à respecter nos terres dans lesquelles poussent nos nouvelles racines, à nous ancrer pour rétablir la communication avec le vivant. C'est ainsi que nous calmerons les tempêtes, rééquilibrerons la force des éléments et communiquerons les valeurs pour les futures générations. Si nous créons trop d'espace et de vide entre le vivant et nous, nous allons laisser mourir toutes les nouvelles et belles racines qui poussent actuellement sous nos pieds. Si nous sommes réellement voués à extinction, c'est par ce manque d'ancrage qui influence le sens de nos réalités et nos prises de décisions. Nous sommes appelés à nous ancrer dans notre force d'amour et à être persuadés de notre légitimité à être et à servir.

Dans cette configuration, la quête spirituelle peut nous amener à partir, à migrer, à quitter le sol ferme pour nous diriger vers un nouveau lieu d'ancrage, de nouveaux périples plus en adéquation avec notre vie spirituelle. Nous pouvons ressentir l'appel à prendre le large ou décider de tout quitter pour une vie meilleure. Cette nouvelle année nous fait bouger de notre siège, nous appelle à prendre la route, à retrouver une terre plus accueillante. Elle peut faire remonter les souvenirs d'enfance, nous faire repartir sur les traces de notre jeunesse ou nous reconnecter à la joie de nos âmes d'enfants.

Plus spirituellement, elle nous appelle à être des missionnaires. Les déplacements peuvent être nombreux. Nous pouvons sentir l'appel à prêcher, à semer la bonne parole ou tout simplement le besoin de rétablir les liens de communication, d'établir un contact avec l'extérieur, de connecter l'humain à sa terre. Il est important de faire l'effort d'aller vers l'autre, de créer l'ouverture, le lien et de tendre la main. La protection est bienveillante. Dans la négative, on peut craindre de nombreux exodes ou une intensification des radicalisations dans le domaine religieux. L'ancrage part du coeur et ouvre la voie au monde du XXIe siècle. Nous avons de ce fait, la mission première d'ancrer l'amour sur terre.

Ancrer l'amour
Face à la folie de l'Homme, nous sommes appelés à rejoindre le cœur tels des "migrants du coeur". Le siècle dernier fût une grande méditation sur le sens de notre engagement, notre façon d'aimer et de concevoir le monde. Ce fut un grand soin

de conscience pour nous faire entrer dans les énergies du renouveau.

Ces nouvelles énergies permettent à l'amour de descendre sur terre et nous font goûter à son essence. L'amour se met à notre disposition pour ouvrir des espaces du coeur encore inexplorés, des sentiments encore inconnus. Il est temps de s'abandonner, de cesser de diviser, de faire une trêve. Nous devons être digne face à cette irradiation mondiale qui apporte un sens pur et vrai au sentiment amoureux, affectif, sentimental et soigne par la même occasion toute notre fragilité émotionnelle.

A travers l'émission de ces fréquences, la Terre vient nous rééduquer à l'amour. Il est important de ne pas s'y opposer, de pas nous disperser mais au contraire de marquer un temps d'arrêt pour profiter pleinement des joies quotidiennes. Cette éducation nous plonge au coeur du vivant et nous fait savourer son fruit. Il devient miel par l'affusion de ces nouvelles fréquences. Ce fruit apporte tous les bienfaits dont nous avons besoin pour progresser et évoluer. Son jus est un nectar qui nous nourrit. Cette éducation à l'amour peut nous appeler à voir le meilleur en nous. En savourant les propriétés de ce miel, il nous aide à nous réparer, à nous reconstruire ou à nous fortifier de l'intérieur. Nous sommes dans un domaine qui révèle la grande puissance du cœur. Il rétablit l'ordre divin et sa grande Morale.

Ancrer l'amour demande aussi à ce que nous soyons assez forts pour soulever le monde, nos familles ou tout simplement nous-même. Nous pouvons entrer dans un engagement, une lutte, une bagarre pour nous élever ou aider les autres à cheminer dans un tout nouvel ordre d'esprit, tourné vers des valeurs humanistes où l'idéal serait une société pacifiée et unifiée. La Terre peine à élever ses enfants. Nous pouvons entendre parler d'un système éducatif en péril ou en grande difficulté. Nous devrions entendre parler de nouveaux projets autour de l'école, du système éducatif ou familial, l'entrée de nouvelles valeurs de bienséance, de respect dans les institutions. Des nouvelles techniques éducatives peuvent faire leur apparition ou à contrario des sanctions en matière éducative ou disciplinaire peuvent être prises. Les énergies cette année poussent à un véritable cri d'alarme en matière d'éducation et notre indiscipline. Nous pouvons être face à une désobéissance civile généralisée qui n'a plus de crainte vis à vis de l'autorité. Cela peut amener au blocage partiel de structures où l'échec de certains modèles sont mis en évidence. Cette société a priori toxique, qui gronde, est avant tout quémandeuse de changements. Elle est déjà dans une rupture avec le passé.

2018 appelle à ne plus combattre mais à mettre de la distance avec la toxicité pour que nous puissions accepter et avancer sur le chemin qui est le nôtre. Nous vivons la mort d'une époque que les êtres en souffrance expérimentent dans une extrême solitude. Nous avons à réapprendre à nous affirmer avec force et détermination pour ranimer notre feu sacré.

Nous sommes appelés à prendre de nouvelles habitudes et attitudes pour lever le voile sur le secret de la Vie. Il ne se trouve hélas dans aucun livre, fable ou série de sciences fictions. C'est un regard à l'état pur. Cette vision est essentielle pour bâtir et reconstruire.

Les nouveaux réseaux de communication

Face à une Humanité sans fil, il est nécessaire de changer les fusibles et de rétablir les nouvelles connexions, plus spirituelles, entre les Hommes. Nous avons à reconquérir l'espace que nous avons perdu par le passé mais aussi la dimension spirituelle qui nous unit authentiquement entre Hommes. 2018 ouvre sur de nouveaux espoirs en matière de communication, de médiation et de négociation.

La communication entre les cœurs est puissante. Nous pouvons connecter plus rapidement par le regard comme par notre simple pensée. L'ouverture de ces nouvelles portes de communication permettent de tourner le dos à un système fermé pour un modèle plus universel. En réalité, un nouveau monde plus profond, plus petit, s'ouvre axé sur une connexion de l'humain, de générosité et non plus basé sur le conservatisme mais sur la libéralisation du savoir, de l'échange et du partage. Ce changement de mentalité intervient avec force et il encourage un monde pluriel, de mixité. Nous avons à libérer les réseaux d'échange.

2018 encourage le vivre ensemble comme si un implant énergétique sautait pour lever un voile sur notre ignorance et la façon dont nous avons été découragés à nous aimer les uns les autres. Cela nous permet de nettoyer les mémoires engrammées par les traumatismes de guerre notamment celle de 39/45 pour regagner un sentiment d'unité. Cette nouvelle année nous porte les uns vers les autres.

Elle promouvoit aussi l'accès aux nouveaux réseaux. Il se peut qu'elle facilite les échanges et fasse ressurgir un géant de la communication venue de l'Asie, continent à l'énergie féminine. Il y a une sorte d'équilibre et de libre échange qui peut être facilité entre l'hémisphère ouest et est. Il se peut que notre monde occidental, trés yang, ait du mal à rivaliser avec les nouvelles technologies ou les échanges en provenance d'Asie. On peut assister à une émergence des nouveaux réseaux, d'une plateforme. Les nouvelles énergies permettent d'instaurer une forme d'équité permettant aux hommes de construire de nouveaux réseaux de télécommunications capables de mieux nous informer, d'échanger et d'approfondir nos liens. Ces nouveaux réseaux de communication facilitent l'élévation de conscience mondiale. Nous permettons de grandes avancées pour le futur afin que l'humanité recouvre en conscience sa force et sa liberté. Tout grandit et prend des proportions démesurées.

Sur un plan spirituel, nous pouvons entrer plus facilement en communication avec les dimensions supérieures ou peuples stellaires. Nous sommes encouragés à être des "passeurs", ces portails de lumière afin de favoriser l'intégration des nouvelles technologies sur terre. Le ciel 2018 est grand ouvert sur les étoiles ce qui explique aussi que cette année soit d'une grande qualité concernant les grandes recherches sur un plan universel et d'une grande fluidité concernant les réceptions télépathiques.

Nous pouvons être soutenus, portés, guidés, atteindre une forme de "nirvana". Nous pouvons améliorer nos capacités de réception, de connexion et nous révéler comme des êtres doués de forte sensibilité ou intuition. Nous nous ouvrons vers les étoiles. Le Ciel est comme "à portée de main".

Notre nouvel ancrage donne une impulsion aux connexions futuristes. On peut lire l'avenir, voir avec le coeur, développer plus de sensibilité. La vie est au delà de nous mais non scellée dans le tangible, l'entendement humain. Elle n'est pas ancrée dans l'avoir, ni la possession car le matériel n'est pas une énergie vitale. La vie est partout et connectée à tout dans le vivant. La vie est dans cette inconnue qu'il nous faut aller voir. Elle est là où nous ne l'attendons pas, dans tout ce qui est inexploré et incompris. C'est dans cette voie que nous trouverons par nous-même l'initiation aux valeurs du monde du XXIe siècle.

Nous pouvons aller très loin sur ces nouvelles lignes de temps qui s'ouvrent face à nous. Les voyages de l'esprit seront plus nombreux. Nous pouvons plus facilement nous connecter par télépathie, interagir avec les mondes invisibles, explorer les différents mondes de la conscience avec aisance.

2018 est une nouvelle ère connectée avec une réalité beaucoup plus grande que celle à laquelle nous sommes réduits. Ce monde connecté est un monde qui n'a plus peur, qui a réussi à sortir de sa crainte du lendemain, des frasques du passé. Il crée des espaces de réciprocité où les hommes pourront recréer du lien et se retrouver ensemble. Elle peut être une grande année de discussions, de négociations surtout sur le plan diplomatique et social.

Si le champ de l'esprit grandit, nous nous étendons aussi au niveau de la voix. Notre verbe peut porter beaucoup plus loin. Nous pouvons développer un don oratoire. Notre expression est plus claire et plus fluide. Les nouvelles ouvertures devraient nous permettre de nous faire entendre cette année. L'humanité quant à elle revendique son identité, son amour propre. La Terre nous appelle à être ses "lanceurs d'amour" plutôt que d'être des "lanceurs d'alerte". Il est important de nous raisonner, d'utiliser nos voix et nos paroles pour apporter un sens et une influence positive à travers un nouveau langage de paix et d'universalité. Si les esprits s'échauffent c'est parce que les âmes, elles, sont réarmées pour le combat spirituel.

La fréquence de connexion spirituelle peut être puissante. Elle nous aide à retrouver un espace perdu, un équilibre, un ancrage, une jouissance ou une confiance en la vie. L'âme retrouve ses repères sur terre. L'humanité tend vers un besoin de connaissances supérieures, de vérité et donc de libération plutôt que d'aliénation. Le pouvoir des réseaux sociaux s'accroît et l'amour s'étend sur la toile. Ils peuvent devenir un partage puissant pour reconnecter le monde à sa véritable source d'amour. On peut utiliser ces nouveaux réseaux d'une façon plus humaniste pour sacraliser nos liens et les rendre pérennes.

La restauration du Temps

La Terre est ramenée dans un nouvel axe de temps, l'axe principal, point culminant du Soleil Central. Il annonce un retour à soi, à la source, à la conscience solaire et à l'unité à une vitesse extrêmement rapide comme si nous allions être magnétiquement aspirés par les forces solaires et intensément réunifiés. L'esprit du Temps redouble d'intensité et dans sa vélocité, il annonce comme un retour à la case départ, un retour à la maison, un retour dans nos corps de chair pour un meilleur ancrage et incarnation. Il peut aussi être un appel universel au réveil de la Conscience. Il peut faire travailler nos prises de consciences, les soins que nous avons à porter vers nous-même ainsi que vers les autres. Il résout nos conflits intérieurs en révélant le non exprimé.

La notion de Temps peut nous échapper, nous distancer cette année. Le Temps peut paraitre extrêmement rapide nous empêchant toute emprise sur la matière, tout contrôle sur les facteurs de notre vie. Il est important de vivre chaque mouvement dans la fusion au Temps en fonction de l'instant: jours, saisons, cycles et d'être bien accrochés à notre présent pour ne pas décrocher de la notion de réalité. Il est important de ne pas céder à cette pression du Temps qui s'impose à nous, dans notre société moderne, pour ne pas accentuer la gravité de notre inconscience. Pour cela, nous devons tendre vers une diminution de nos efforts en prenant conscience que nous avons à ralentir et à consacrer des pauses à nos journées. Il est aussi important de ne pas nous laisser dépasser, de nous laisser influencer, mais aussi de rompre avec l'engrenage et l'enfermement de notre société pour choisir une voie d'épanouissement et d'émerveillement. Dans cette cadence infernale, nous devons suivre le rythme des journées et des saisons que la Terre et le Soleil nous imposent. Chaque saison est une phase d'enseignements nouveaux qui fait son oeuvre dans notre jardin intérieur et nous répare profondément dans nos cellules. Nous sommes les jardiniers de nos terres intérieures et pour les nourrir nous avons à prendre conscience de l'importance de la météo du temps. Cela permet de nous ancrer sur de nouvelles fréquences et d'apprendre à disposer de nous-même. Ce nouveau temps que l'on instaure permet l'harmonisation de nos sens, de nos énergies mais aussi celles de toute une société. Il nous permet de retrouver une clarté d'esprit, nous apprend à être moins intransigeant avec nous-même et d'apprécier ce luxe qu'est la vie. Ce basculement nous demande de quitter une matrice artificielle. Un temps d'adaptation est nécessaire pour formaliser notre entrée dans ce nouveau moule. On peut comparer ce processus au bébé se retournant et se plaçant en position "de voie basse" dans le ventre de sa mère. Nous devons être prêts à être "retournés" mais aussi à nous extraire et à vivre notre nouvelle naissance. Vivre ce changement d'état nous demande d'être en conscience, de faire l'expérience au plus proche de nous-même pour soutenir cette rotation. C'est en ce sens que la Terre est bienveillante envers tous ceux épris d'amour, conscients des changements actuels. Elle nous permet de disposer de ce temps afin que nous nous retournions avec elle.

Si nous "traînions la patte", étions au ralenti, le moment est venu aussi de nous raccrocher au wagon 2018 et de "rattraper le temps perdu". Nous pouvons être bousculés dans cette contorsion inhabituelle qui nous demande d'agir, de nous positionner, d'entrer rapidement dans le bain et de nous réadapter à cette nouvelle enveloppe protectrice.

L'activité solaire alliée à l'accélération du temps est une bombe à retardement à la fois pour nos corps énergétiques comme pour nos mémoires cellulaires qui se transforment. Elles amplifient les tâches, le rendement, le travail, les activités et de ce fait les efforts, la fatigue, l'usure. Vous pourriez cette année "bouillonner" ou avoir l'esprit en ébullition, être à bout. Il est très important de ralentir toute activité à la fois cérébrale, manuelle, intellectuelle. Pratiquer la méditation, nager, boire, être au contact de l'eau mais aussi faire circuler l'énergie dans nos maisons par la présence de l'eau (fontaine) reste des moyens sûrs pour éliminer toutes les charges lourdes que l'activité solaire fait remonter.

Les nouvelles lignes de temps dissolvent tout ce qui est de l'ordre du rêve et de l'illusion. Elle révèle la nature concrète des êtres et de l'espace. Nous n'avons plus le temps d'attendre et nous devons entrer dans cette nouvelle vague émergente qui nous appelle à renaître et à oeuvrer.

-IV- La résurrection de la Terre

Marcher vers notre renaissance

La Terre embrasse le feu cosmique et embrase nos consciences. Elle entre dans sa démesure et nous appelle à marcher vers notre renaissance. L'humanité doit sortir la tête hors de l'eau, de son inconscience pour renaître à l'Appel. La brutalité et la force des énergies cristallines nous poussent à reprendre notre juste place et à germer sous le feu de Solaris.

Ces énergies remettent les compteurs à zéro.

La terre se décentralise et tourne sur elle-même comme pour entrer dans une phase d'auto-nettoyage telle une reprogrammation quantique et cellulaire. Si elle est enfermée sous les décombres, elle ne veut pas devenir un dépotoir. Ce grand mouvement cyclique de nettoyage peut prendre l'aspect de gros passages cycloniques tout au long de l'année. Au fur et à mesure où les vents tournent, la pluie vient ensemencer. La Terre a la ferme intention de ne pas céder sous le pas lourd de l'Homme. Son énergie lourde la fait suffoquer. Elle nous met en garde face aux excès d'orgueil. Rien ne sera toléré. Nous sommes appelés à ne plus la piétiner sans considération, mais à réaliser que chaque pas que nous foulons dans son grand jardin de Vie est un pas libérateur chargé d'amour. Nous sommes ses "jardiniers du coeur".

Ce passage est marqué par une coupure nette de tous les liens non authentiques.

La terre exprime dans sa puissance libératrice, sa véhémence. Elle libère sa Déesse et manifeste sa grande force solennelle. Dans cette rotation cyclique, tout devient mouvement. Dans un grand brassage collectif, elle nettoie et purifie chaque secret qu'elle renferme depuis des siècles de vie maintenant désuets. Dans ce grand mouvement de vie, les mensonges et tout ce qui a été fourvoyé dans l'honneur de notre Terre Patrie, son atteinte au vivant et l'oeuvre divine, sont balayés. Ce cycle d'essorage fait remonter à la surface de la conscience, toutes les mémoires usées et oubliées. L'inconscient collectif est amené à briller, à s'éveiller par lui-même, à se libérer de façon à permettre à l'humanité de tourner la page de son histoire karmique, de souffrances ancrées dans sa Mémoire et bien trop lourdes à porter. La Terre "rote", "digère" tandis que l'humanité retrouve la Mémoire. Une lumière s'allume en chacun de nous.

L'accélération du temps cette année renforce la puissance du moteur terrestre. Nous pouvons carburer dans notre moteur. Les énergies peuvent mettre un coup d'accélérateur et donner une impulsion nouvelle pour sortir du chaos. Nous sommes dans cette ère reliée au tout possible où l'obéissance à notre maitre Univers est rigoureuse. Les cycles comme les saisons peuvent être, eux aussi, plus rigoureux et demandent à être respectés.

Cette année, la Terre renforce son système de défense, d'auto-protection et projete sur nous tous les résidus que nous lui envoyons. Elle renvoie à notre visage toute la pollution de nos pensées comme de nos actes. Elle est protégée par ses

Gardiens. La force de son coeur peut être puissante et peut nous impacter violemment. C'est une violence d'amour, un retour de foudre ou de bâton qu'elle renvoie tel un puissant miroir à notre visage. "Il est temps de nous regarder dans la glace". Il est important de choisir sa voie, de trouver son ancrage, savoir quel chemin nous voulons prendre désormais et quel destin donner à notre civilisation. Il est temps de choisir son camp entre le "camp de concentration" des pensées où les esprits n'auront plus le choix que de l'immobilisme imposé ou choisir le camp de l'action. Pour sortir du chaos, l'humanité doit choisir le chemin du rassemblement et avancer ensemble comme si nous avions à pédaler très fort pour permettre à l'énergie de la dynamo de générer du courant et remettre le monde en circulation. Comprenons que sans effort rien n'est possible.

La Terre accompagne chacun d'entre nous dans sa mélodie, sa musique, son chant vibratoire. Elle entraîne chaque corps dans sa danse, dans sa capacité à s'exprimer. Elle exprime à ses enfants son amour, ses bénédictions avec ce pont arc en ciel qu'elle trace entre son coeur et le ciel. Elle dessine ce chemin sur lequel nous allons pouvoir marcher tous ensemble à condition que nous soyons nous-aussi dans cette quête d'élévation et d'universalisation, cette capacité à nous ouvrir aux monde, à ce qu'il y a de plus grand en soi comme tout autour de soi. Nous avons à participer à notre humble place à cette grande transformation que notre espace cosmique nous impose.

2018 est le destin de l'âme où tout est à réécrire et refonder. On tourne une page. Il est important de s'attacher à ses rêves d'enfants et d'y croire puissamment. Il est important cette année de revenir dans nos coeurs d'enfants. La Terre attend ce retour à l'humilité. Les nouvelles fréquences 2018 peuvent nous faire retourner sur les bancs de l'école. Il s'agit d'un retour à soi, à l'introspection, à l'étude, à une période d'apprentissage qui nous fait revenir à ces écoliers, cartable au dos et chaussettes montantes pour goûter à ces instants de Joie. Nous sommes dans cette recherche d'approfondissement de nous-même, cette période d'investigation qui nous permet d'éluder la vie hors des frontières du réel. Nous pouvons être face à une année de grande reconnaissance et de grande ferveur. Nous pouvons nous sentir aussi libérés ou vainqueurs dans nos petits êtres intérieurs. Elle peut faire le jeu de notre victoire personnelle ou de notre libération.

Elle nous élève pour que nous allions décrocher une étoile de plus à notre royaume. Chaque destinée reprend son axe. Nous avons été travaillés pour entrer dans notre nouvelle incarnation. Un nouvel espace de travail, un nouveau décor, un nouveau chapitre de vie est à écrire. La Terre nous encense et nous fait de belles promesses de réconciliation et d'amour. 2018 est une rencontre d'amour avec Soi. Elle favorise la voie de l'initiation au coeur et à l'âme. Nous pouvons rencontrer nos Maitres, faire face à notre destin, notre mission de vie. Il est important de nous diriger vers ce qui nous élève, nous conduit, nous porte très haut. L'humanité peut être face à des choix cruciaux en lien à l'évolution de la planète.

Dans sa grande renaissance, la Déesse Mère éveille les esprits et peut créer de la rébellion, beaucoup d'électricité, d'émotions aussi. Nous avons à nous positionner dans la bienveillance pour aider le plus grand nombre en tant qu'éclaireur, guide, conseiller, soigneur, pour calmer le feu et les tempêtes. Il est important cette année que nous nous mettions au service, dans la Lumière de nos coeurs. Nous avons à pacifier nos instincts primaires, à rétablir le courant et à déposer la Lumière dans les coeurs des plus oubliés. L'âme a besoin que nous nous souvenions de l'amour que nous portons et cette nouvelle année devrait nous désigner comme un montreur de chemin. Le Sauvage peut rencontrer le Vivant ce qui peut amener certains d'entre nous à un retour à la nature, à sortir ou à s'exclure de la société moderne, d'un mode de vie étouffant. La Terre entame sa libération au fur et à mesure où elle rentre dans ces espaces sacrés.

Elle se décentralise de l'Ancien pour vivre un nouveau cycle d'évolution. Elle amène avec elle ses enfants d'amour. Elle parcourt désormais cette nouvelle ligne de Temps à la rencontre de sa Déesse intérieure et profite à chaque femme. Elle fait entrer chaque femme dans sa nouvelle dimension divine qui devient Femme d'un nouveau temps. Les femmes peuvent être les premières à vivre ces initiations. Elles sont précurseures et peuvent initier à la médecine des plantes et du vivant. La Terre nous enseigne sur la longévité, la "montée de sève", comment pousser droit dans cette phase d'évolution des coeurs et des moeurs. Elle va pouvoir éclore, féconder, accoucher sans cesse les nouveaux projets que nous lui soumettrons dans cette nouvelle orientation cosmique.

C'est en ce sens, que la rencontre avec le Masculin est riche et prometteuse. Seul l'amour vaincra.

Nous sommes dirigés naturellement pour la suivre et sommes initiés à guider nos vies différemment. Le chemin qu'elle prend désormais fait battre nos coeurs. Nous arpentons un chemin ascensionnel comme si nous montions tout en haut d'une montagne. Cette nouvelle année 2018 nous aide à comprendre le monde dans lequel nous entrons. Ce n'est pas un monde avec lequel nous devons entrer en confrontation mais un monde de Mère, de douceur, d'écoute, de bienveillance qu'il nous ait demandé d'asseoir en nous.

La renaissance de la Terre est avant tout un appel à renaître dans le principe sacré du Féminin. Le choc entre ces deux polarités YIN et YANG peut avoir lieu si nous n'en prenons pas garde. Le phénomène d'"apocalypse" est la résultante de ces deux chocs vibratoires, de l'affrontement entre deux mondes opposés, la rencontre entre l'ancienne et la nouvelle matrice. Le principe Féminin peut entrer violemment en opposition avec notre Yang destructeur. Elle fait l'effet d'une bombe. Il est important dans cette rencontre de créer l'équilibre pour éviter tout risque d'implosion.

Ce que nous pouvons vivre dans la destructuration de l'ego ou dans nos petits morts quotidiennes n'est en réalité qu'un appel à renaître sans cesse. Nous mourrons pour mieux nous retrouver, pour mieux se réconcilier à soi. Les oeuvres qui ont servi l'égo, l'enrichissement, le profit et qui ont participé à décimer l'humanité seront controversées. Seules les oeuvres d'amour pourront réenchanter le monde et perdurer dans le temps. Nous sommes appelés à dissiper les vieilles querelles, les vieux traumatismes notamment d'après-guerre.

Nous sommes appelés à gouverner, à commander au sein des entreprises, à nous soucier de l'autre et à éduquer différemment dans toutes les nouvelles structures naissantes. Cette transformation appelle à une grande renaissance et à produire un nouveau modèle de société. Tout notre savoir, nos prétentions, nos compétences ne seront plus jugés sur des études, de la quantité, de la performance, de la puissance mais uniquement sur de la qualité, du génie, du brillant. Un système rigide peut prendre fin. Un nouveau monde se bat pour être réunifié à ses valeurs qui représentent entre d'autres termes, chaque couleur de l'arc en ciel.

Notre destin s'écrit dans l'espace où l'âme choisit de vivre sa renaissance. Il est important cette année de faire cette démarche pour soi afin de comprendre solennellement où nous voulons désormais agir pour le bien de soi comme le bien collectif. Cela nous demande de nous positionner et d'être prêts.

2018 peut faire également briller notre Terre d'accueil. Elle peut être aussi un retour à l'élan patriotique. Nous pouvons recevoir des médailles, des félicitations du jury en quantité. Notre pays peut se distinguer dans ses valeurs, ses prises de décision à condition qu'il s'accorde en sagesse, ne crée pas de nœud supplémentaires à la souffrance et qu'il ne l'étouffe pas plus encore. 2018 peut briller par sa haute fréquence vibratoire si elle s'accorde à des pensées nobles qui n'offensent pas la

Terre de ses Ancêtres. Nous pouvons être d'un grand secours pour les pays alliés et pour l'Europe des nations qui fait face à la montée des nationalismes. Il y a une volonté pour les Peuples de retrouver souveraineté et indépendance. Les Terres où les racines sont profondément ancrées à la Mémoire, aux traditions peuvent faire exploser les barrières imposées par les frontières. Il est important cette année de ne plus étouffer les peuples dans la souffrance. Le monde crie véritablement son besoin d'ouverture et son besoin de dénouer les noeuds qui l'étranglent dans la douleur. La communication doit être améliorée vis à vis du peuple afin de contenir toute hémorragie ou débordement social. La protection que nous recevons de notre Déesse Mère nous demande d'être dans le feu de l'action plutôt que d'être dans une volonté de mettre le feu aux poudres. Les instances 2018 nous demandent de nous raisonner et d'être plus efficaces, en étant en place sur le terrain. Nous sommes dans une ère qui nous appelle à faire fusionner les différentes classes sociales et à rétablir la dysharmonie du monde et des sociétés. Il y a une intransigeance à faire fusionner les mondes d'en haut avec les mondes d'en bas. A partir de cette fusion et de cette triangulaire, la France peut immortaliser sa forme pyramidale et peut briller grandement, partout en Europe comme à l'international. Nous devons prendre conscience dès à présent de l'importance des "petits peuples" qui régissent les mondes "d'en bas" et donnent pouvoir aux mondes "d'en haut". Ces petits peuples détiennent les secrets de la Terre notamment en matière d'abondance.

C'est en rassemblant les différentes strates de notre société unitairement, en lui redonnant toute sa dimension d'amour, par l'écoute et la parole, que nous pourrons influencer le Monde. Il est important d'élever les esprits créateurs. Cette nouvelle ère appelle à voir renaître une nouvelle "race" d'humains tournée vers le progrès et l'évolution. Sans cette conscience d'unité, nous pouvons être spectateur cette année d'une faillite, d'une banqueroute, de démissions intempestives, d'une destitution voire l'effondrement d'un système ou d'un idéal. Il est important d'agir vite et de nous ouvrir sur le monde. Cette nouvelle ère ne nous donne guère plus de temps.

L'harmonisation du Monde ou l'urgence de rétablir les équilibres
Tandis que la nouvelle disposition de notre système solaire tend à se réharmoniser, les nouvelles harmoniques terrestres travaillent sur la disparition des anciens codes qui ont orienté jusqu'à maintenant notre humanité. C'est une levée de voile sur notre grandeur, sur le travail que nous avons à réaliser. Notre regard s'éclaircit. 2018 nous met au coeur de nos émotions les plus pures. Sentir, vivre, en parfait harmonie avec tous les règnes mais aussi dans un parfait alignement entre terre et ciel, dans le respect des lois de Mère Nature. Les nouvelles fréquences rétablissent la balance chez ceux désirant ouvrir leurs yeux sur la beauté du monde et encouragent tous ceux qui ne souhaitent plus fustiger, se plaindre mais sont soucieux de vouloir avancer, construire sur de bases saines, claires et clarifiées.

L'harmonie du monde comprend le "je" et le "nous" Il est important d'arriver à clarifier au fond de soi notre cohabitation basée sur les principes du Féminin et du Masculin pour tenir dans notre équilibre de paix intérieure. L'harmonisation des corps passe par l'harmonisation intérieure et apporte à notre monde les pensées de demain. La recherche de l'harmonie est un chenal pour sortir de l'ignorance et créer de nouveaux remparts de protections autour de ce vieux monde en démolition.

Guider vers l'harmonie permet d'accompagner les âmes vers une quête d'intériorité profonde. Cette harmonisation nous demande de nous soustraire de l'ego collectif et de nous acheminer vers la pacification plutôt que de tendre vers des automatismes de luttes ou de désespoir. Certes, nous sommes décimés par les ondes médiatiques qui font circuler toujours plus de malheur et de cruauté. Mais il y a au-dessus de nous, cette intransigeance divine, cette bienveillance d'amour à laquelle nous devons raccrocher cette année nos "vaisseaux", nos connexions, nos croyances, notre foi, nos forces.

En acceptant ce passage d' harmonisation, nous acceptons d'être heureux et vivants. Nous sommes ensemble dans la perspective de cet avenir meilleur. Nous croyons que le nouveau monde est un concept abjecte, mal conçu, utopique, d'"'illuminés". Il n'en est rien puisqu'il est déjà là, dans le regard de ceux qui s'éveillent. Nous sommes dans le nouveau monde car nous résistons à la folie du monde. Un monde sous-valorisé dans lequel nous ne nous retrouvons plus. Toute sa conception extrême ne fait qu'accroître notre potentiel sacré, renforce nos convictions que ce que nous vivons en violence et persécution quotidienne n'est pas normal. Nous ne nous sommes pas incarnés pour vivre comme des robots mais pour vivre l'Amour. C'est en ce sens que nous devons croire à cette nouvelle ère de radiance. Bien sur le monde n'est pas parfait mais l'harmonisation permet de comprendre que nous ne devons pas succomber aux charmes et aux tentations qui nous poussent à sortir hors de notre rang. Nous ne devons pas abandonner nos convictions d'être heureux. Nous portons en nous les ressources d'un monde plus juste.

La recherche de l'harmonie repose sur 9 idéaux de paix:

- Se relier à la terre et trouver son ancrage
- Permettre la circulation d'énergie
- Gouverner seul, être autonome
- Ne pas risquer sa vie
- Elever ses idéaux et potentiels
- Engager la réconciliation avec soi
- Etre exigeant avec soi-même
- Réduire son temps d'action ou temps de travail
- Éliminer les contrariétés

Nous sommes dans cette pleine transformation qui oeuvre chaque jour dans nos pensées, par des prises de conscience, dans notre mental, dans notre élan créateur mais aussi dans nos corps tant physiques qu'énergétiques. Livrer bataille ne mène à rien face à un monde qui s'essore. Il faut savoir prendre du recul, parfois s'éloigner ou partir voire même tout recommencer. Repartir à zéro est une marque d'insoumission face à la laideur du monde. Il faut pouvoir quelquefois tout recommencer pour être libre d'exister. Il s'agit d'une volonté en notre âme et conscience d'exiger une vie meilleure. Cette vague d'harmonisation est une vague avant tout d'espérance. Nous avons à manifester dès cette année le vrai pour être en adéquation avec nous-mêmes, pour être dans la manifestation du réel plan non pas celui que nous négligions, mais celui que nous souhaitions avant même notre incarnation. Ce plan est inscrit en nous, dans notre âme et se manifeste à chaque moment dans notre vie comme un messager à travers une rencontre, un signe, une lecture, une chanson.

L'harmonisation est puissante. Elle est comme un chant qui nous reconnecte tous ensemble à la bonne fréquence et sur la même longueur d'onde. Il est important de tenir cet équilibre en nous car ce que nous sommes intérieurement impacte notre monde extérieur. Nous avons à retrouver derrière les masques du monde, le sens de notre incarnation sur terre. Nous avons cette année à nous maintenir dans la vérité pour être en accord avec nous-même afin de peser sur la balance et de rétablir les codes de l'harmonie.

Les nouveaux codes de l'harmonie assurent la restauration de l'équilibre entre tous les règnes et espèces afin que nous marchions tous ensemble vers l'unification d'un même et unique champ de conscience. Ils comprennent le fait que:
- Tout est vibration
- Tout ce qui est en haut est en bas
- Tout ce en quoi on croit se manifeste
- Nous sommes le pouvoir de nos pensées.

- L'hégémonie du cœur permet la manifestation et la réalisation
- Notre devoir de transformation personnelle implique la responsabilité de la transformation du monde
- nous avons le devoir de nous dépasser dans l'amour
- nous devons tendre vers un idéal commun
- nous devons véhiculer une énergie propre de paix

Nous entrons dans un processus qui ne nous sépare pas de la nature et du vivant. Nous sommes un prolongement de la nature. Notre harmonie dépend de ce vecteur linéaire et de cette osmose. Notre libre arbitre est juste lorsqu'il est le reflet de notre nature divine et qu'il s'inspire du vivant. Toute création prenant sa source d'inspiration au sein même du coeur de la terre et de sa beauté est voué à éclore et à se libérer. Etre en harmonie nous permet de nous dépouiller et de nous libérer de nos attentes. Dans le chaos et le désordre actuel, il y a possibilité de libérer l'être dans sa demesure. Aucun humain ne sait ce qui est bon pour lui dans cette folie. Seule une chute est nécessaire pour revenir à soi et permettre ainsi notre "transfiguration". L'harmonisation du monde nous donne la sensation de nous ré-appartenir comme si nous clôturions avec un monde désaxé et bipolaire. Les émotions sont clarifiées et dissolvent le jeu occulte qui nous sépare. Nous ne pouvons plus vivre aveuglément."Plus rien ne sera comme avant".

Les nouvelles lois de l'harmonie tentent d'apporter à l'homme tout ce qui lui manque dans sa recherche et sa dimension divine. Nous subissons une harmonisation des sens, de nos corps énergétiques pour une grande unification dans la paix avec tout ce qui existe sur un plan universel. Nos relations, nos perceptions, nos pensées sont peut être asseptisées et coupent avec un jeu ou une dépendance perverse. Tout ce qui émane de notre être peut être virtuose. Nous pouvons nous assembler harmonieusement avec les champs de la Terre et disposer de capacités vocales comme oratoires exceptionnelles. Nos voix portent cette année et il est important de porter nos voix, nos messages en alignement avec ce courant d'évolution.

La question qui nous est posée est: comment allons-nous pouvoir vivre ensemble cette harmonisation? L'humanité est au bord de l'implosion car elle est devenue un vaisseau gigantesque ayant à bord un fourmillement d'individus qui ne se reconnaissent plus devant une telle violence, les grands conflits, les menaces virales ou de guerre de grande ampleur. Ce sont aussi des personnalités qui ont perdu le sens des valeurs, des vraies richesses, de leur identité propre. Nous sommes dans une vraie limonade entraînant notre sursis mental au bord de l'implosion si nous ne nous permettons pas de recréer un espace équilibré entre ce qui est en haut et en bas mais aussi tout autour de nous. L'humanité sature car elle est débordée d'idées bricolées par la misère de ses pensées, plutôt que d'être encouragée avec brio à communier lumineusement avec son intelligence de coeur. L'exode des masses populaires, la désertification, les migrations, sont l'exemple concret que le monde se libère et que les matrices explosent au sein même des familles et des états. Nous sommes en train de façonner le nouveau visage de notre Terre patrie. Nous devons penser aujourd'hui humanistement et universellement car nous allons comprendre que tout nous relie et que nous sommes tous connectés ensemble. Chaque mouvement de foule entraîne une reconfiguration de la face du monde. Ce que nous vivons n'est pas une crise mais une émancipation des consciences. Les peuples se libèrent de fardeaux, de conditions de vie, de luttes pour retrouver une structure, une identité et participe à cette réorganisation de la conscience de la Terre. Ces peuples s'affranchissent aussi de barrières, de frontières pour réclamer un monde plus juste. Nous sommes au bord de l'implosion.

Pouvons-nous encore rester maintenus dans des frontières? Il est temps désormais de redistribuer de façon équitable toutes les richesses mais aussi de cesser "l'orpaillage" de la planète. Le coup de projecteur que nous subissons cette année de la part du Soleil met en lumière le manque vital d'espace, d'oxygène et de ressource terrestre face à la contamination humaine. Nous devons dès à présent reconnaître que les ressources de la planète sont insuffisantes en eau, en air, en énergie et que nous allons devoir travailler désormais pour rétablir les équilibres partout entre les hommes et les espèces. Ce qui nous tue n'est pas tant la somme d'individus que nous représentons mais le manque d'espace qui nous unit dans l'obscurité et nous étouffe. Nous ne mourrons pas par exemple des brûlures du feu, nous mourrons tout d'abord d'asphyxie. Nous sommes étranglés à tous niveaux et nous ne parvenons plus à nous focaliser sur les valeurs essentielles qui portent l'Homme vers son destin de créateur humaniste. La Terre et ses habitants subissent cette année cette compression qui leur demande de lâcher le superflu pour se diriger uniquement sur ce qui est de plus essentiel. Nous devons raccorder dans ce nouveau siècle un système d'énergie qui pourra ne plus nuire à la planète et ses habitants. Tout comme individuellement, cette nouvelle ère nous appelle à être garant de notre santé et à trouver notre propre source de guérison.

La grande guérison du Monde

2018 nous invite à savourer sa force. Nous pouvons avoir la sensation de sortir d'un cycle totalement brisés. Pourtant, nous sommes en vie et nous allons travailler sur notre reconstruction personnelle. Nous arrivons dans ce nouveau cycle pour guérir et apporter au Monde notre guérison. C'est notre contribution. La guérison passe par l'acceptation de toute chose. Il est difficile de guérir en étant dans une énergie de lutte. Chacun doit apprendre en faisant son propre travail, doit fournir sa propre contribution, doit choisir son propre outil thérapeutique pour avancer désormais sur son chemin d'évolution. Nous avons à évoluer vers des professions ou des activités qui nous soignent et qui favorisent l'émergence des soins aux autres au lieu de favoriser celles qui nous épuisent et nous mettent en compétition.

Avancer en écoutant la voix de l'âme est déjà un travail thérapeutique. La difficulté pour les humains n'est pas tant de se reconnecter à l'âme, de canaliser des informations mais de se révéler et de se poser dans le principe du coeur. Nous sommes certes un corps, une âme et un esprit mais la porte d'entrée dans l'esprit d'unité reste notre coeur. Il s'agit de la porte qui mène à la voie de guérison. Cette porte est le secret pour entrer dans la découverte à soi et celle de l'univers. Le corps permet d'être le réceptacle de la lumière de guérison, par l'esprit qui la capte et l'âme qui l'infuse.

Il y a différents espaces dans notre coeur qui demandent à être reconnus dans nos parties blessées. Cette nouvelle année 2018 favorise la guérison du coeur et propulse vers la Joie. La Joie favorise l'émergence de l'amour et ouvre la voie à l'énergie de guérison. Elle est un outil thérapeutique très puissant face à l'empoisonnement des esprits. L'énergie de Joie est un Guide dans notre quotidien qui libère et nous donne confirmation du bon et juste chemin. La guérison des coeurs marque l'entrée dans une nouvelle ère libératrice. Nous sommes face à une humanité qui marche vers sa propre libération.

L'harmonisation du monde permet au Féminin d'entrer en action et de prendre sa place dans la guérison du monde. Le Féminin contribue à soigner le monde par son eau et par sa source maternelle. 2018 nous plonge dans son eau sacrée. Les femmes peuvent être appelées à soigner leurs eaux usées pour abréger les souffrances faites aux femmes universellement. Ces eaux dans lesquelles nous baignons alimentent et soignent l'utérus de la terre qui contient toutes les mémoires traumatiques. En soignant l'utérus universel, elles impulsent la conscience du monde. L'harmonisation qui a lieu cette année provoque la rupture des liens traumatiques et nous relie au sacré. Elle lève les voiles sur les secrets de la Femme et de la Mère, soumises aux non dits. Si la Femme n'avait pas droit de parole, elle est poussée aujourd'hui à son devoir d'expression. On parle ici de "guérison des secrets maternels".

La guérison du monde est contenue dans le corps de la Femme. Les énergies du Féminin peuvent aider l'humanité cette année à trouver des solutions pour soigner les eaux, les mers et les océans. Nous sommes menacés par des fléaux d'empoisonnement au niveau cellulaire. Nous devons rétablir rapidement une nouvelle source d'oxygénation et ramener la vie dans la non-vie.

La guérison du Monde passe par la conscience et l'hygiène des corps. Les énergies de 2018 facilitent l'accès au sport, la reprise d'une activité physique, la reprise en main de nos corps à la fois énergétiques et physiques. Cette année les nouvelles techniques liées à l'ascétisme, le jeune, l'hygiénisme, le respirianisme, le culte du corps ont le vent en poupe. Il est important d'être à l'écoute de son corps et de commencer à penser à une reconstruction. Les énergies 2018 peuvent nous aider à nous réparer cellulairement si nous prenons conscience de leur importance, restons en soin et en connexion avec elles. Nous pouvons être poussés à l'excès dans la façon de nous entretenir pour accéder à un corps d'athlète, de lumière ou de sagesse. On parle ici de "dictature des corps". Il est préférable de choisir une voie en lien à notre évolution de conscience. Il y a une prescription d'une certaine idéologie pour revenir à un hygiénisme corporel et spirituel mais aussi à l'assainissement de nos pensées.

Cette nouvelle ère marque l'entrée des consciences vers une recherche d'harmonie tant physique que spirituelle. "mens sana in corpore sano". Ces différentes orientations ne sont que le reflet de notre recherche à accéder à notre propre maîtrise. Nous recherchons avant tout à incarner notre maître intérieur.

Sur un plan cosmique, il est intéressant de voir comment la fusion des univers se produit et engendre sur terre de nouvelles avancées et découvertes concernant la cellule. Les nouvelles fréquences amènent aussi de grandes avancées en matière médicale. De nouvelles recherches peuvent avoir lieu et peuvent aboutir à des résultats encourageants notamment concernant les cellules souches.

On peut assister à l'apparition de nouvelles techniques modernes concernant les domaines de la chirurgie, de la beauté. On peut sortir d'une dictature de la beauté ou de la maigreur. Nous pouvons pousser toujours plus loin la promotion d'une jeunesse éternelle. Il y a un besoin cette année de nous retrouver à la source, d'être au plus proche de l'éclat. Attention cela dit aux excès, aux déroutes. A contrario, les anciennes techniques peuvent provoquer de grands scandales dans le monde médical mais aussi dans les domaines où tout est falsifié, truqué. Les nouvelles fréquences exigent de nous une grandeur morale, une élévation de nos perceptions et donc de concevoir le modèle de beauté différemment. Nous entrons dans une ère qui nous demande d'ancrer les nouveaux codes de la beauté. S'il est important de ne pas nuire, il est aussi de notre devoir de magnifier, de transformer, de clarifier cette nouvelle ère.

La fusion entre l'activité solaire et le débordement de Temps est une véritable bombe qui peut hélas augmenter le processus de prolifération cellulaire et donc les facteurs à risque de nouvelles maladies, leur essor, mais aussi nous faire perdre complètement conscience, nous faire chavirer, accentuer les pertes de contrôle, nous désaxer. Il est important de sortir de la notion de combat et de revenir à plus de douceur et de bienveillance envers nous-même.

-V- Tendances Vibratoires 2018

En me connectant au système numérique universel, les chiffres me parlent vibratoirement. Ils ont aussi une Conscience. En les étudiant, les combinant ou les réduisant, j'accède à un résultat d'informations transmis par télépathie.

J'étudie ci-après la vibration de l'année 2018, sa structure 20/18 et sa réduction à la fréquence 11 et 2 mais il est évident que nous pourrions l'analyser chiffre par chiffre pour entrer dans son monde fractal, ses codes et sa géométrie sacrée.

La fréquence 20/18 fait fusionner la connaissance dans la matière. Les Dieux ont donné réquisition pour faire le ménage sur notre monde et pour y remettre de l'ordre. Notre monde de paix s'installe à condition que nous légiférions dans l'amour. La combinaison parle de nous illuminer dans nos coeurs. Nous sommes à l'apogée d'un monde qui ne se reconnaît plus dans ses lendemains désenchantés et impulse sa nouvelle lumière. Nous ne voyons plus la réalité sous le même angle. Nous sommes sans le savoir dans l'opposition à cet ancien monde dont la conscience meurt un peu plus chaque jour par manque de luminosité et nous sommes comme le courant, en chemin, pour soutenir l'électricité ambiante.

La combinaison 20/18 nous dit que nous sommes dans une année charnière. C'est un point d'ancrage où nous pouvons repartir à zéro, où tout est annulé. Elle remet les compteurs à zéro. Elle nous donne une vision d'avenir et nous aide à comprendre le nouveau monde qui se dessine.

L'alliance 20/18 permet de nous resituer dans le temps. Elle ouvre à davantage de compréhension, de foi, d'ouverture et de joie spirituelle. Elle restitue aussi tout ce qui est bloqué au fond de nos eaux profondes, ce qui est perdu au niveau de nos mémoires, notre histoire et ses secrets. Elle aboutit à une refonte de l'être véritable. La combinaison est une valeur sage qui donne priorité à la dissolution et à la concentration des pouvoirs. Elle nous demande de nous tourner vers la voie initiatique de l'âme qui ouvre sur le savoir universel. Acquérir les facultés de l'esprit nous montre le chemin, nous détourne de l'égo et nous aide à grandir.

La combinaison 20/18 fait couler beaucoup d'encre et donne à retordre aux esprits réticents ou résistants. C'est une année qui forge et qui tord le fer. Ne résistez pas mais au contraire laissez vous porter par sa fluidité. C'est une année qui glisse ou fait glisser. On vous conseille de ne pas prendre de chemin inverse, opposés, étroits. Laissez vous couler sous le flot des énergies 2018. Il est important de ne pas se laisser influencer ou de s'opposer, de "laisser couler", de se tenir loin des vieilles querelles.

La combinaison 20/18 est une force souveraine qui nous aide à porter les valeurs du coeur, à porter notre amour vers l'autre. Elle pousse à la solidarité et à la mixité. Elle demande le rassemblement et le mélange de tous nos talents afin qu'ils fusionnent tous ensemble. La combinaison 20/18 fait entrer les petits génis du XXIe siècle.

La combinaison 20/18 est une force supérieure, une aide providentielle qui catapulte les êtres vers une recherche transcendantale, une promotion ou des distinctions honorifiques. Nous sommes appelés à nous surpasser, à nous transcender nous-même. Cette combinaison ouvre sur un canal supérieur. Elle crée des nouvelles opportunités pour "saisir la balle au bond". Elle facilite les échanges, la circulation d'informations. C'est la venue sur l'humanité d'une force, d'une aide bénie, d'une lumière puissante de guérison.

Sous cette fréquence, la terre peut s'auto-régénérer. Cette combinaison peut pousser l'humanité à trouver par elle-même ses propres ressources pour subvenir à ses propres besoins. Nous avons nous aussi individuellement à trouver notre propre autonomie en matière d'abondance énergétique, financière, affective.

La combinaison 20/18 marque un sursaut, un bond de conscience, une ouverture du Masculin. Elle montre une ouverture de la Pensée de l'Homme. Elle peut toucher les croyances limitantes du Masculin envers le Féminin.

La combinaison 20/18 marque une année de bagarre, de luttes, de revendications concernant la condition des peuples et des femmes. Elle soulève les questionnements et les interrogations.

Sa fréquence 11 mène à la construction et à l'originalité. Elle décuple notre intensité vibratoire et notre génie. Elle renforce les sentiments, les prises de décisions mais aussi les prises de bec et les prises de pouvoir. Cette force 11 déballe tout et crée l'animosité. Il y a un besoin de "dire ses 4 vérités", d'annoncer la couleur et de ne pas passer par 4 chemins. Nous sortons d'un régne de pouvoir et d'adversité. Il sera difficile d'accepter un nouveau plan d'austérité. Elle peut amener un durcissement des lois par les gouvernements actuels mais aussi des épreuves dans cette recherche de redresser un pays. Attention aux luttes sociales cette année qui peuvent déborder. Nous tendons vers une explosion si nous ne tendons pas la main, ne rétablissons pas immédiatement les balances et les équilibres.

On reprend du souffle, on retrouve sa sportivité, sa jeunesse, sa fougue. C'est une année qui nous entraîne ou qui nous apporte une nouvelle jeunesse physique. C'est la force des battants, le retour des héros !

Elle permet de restituer un passé oublié, d'avoir une vision plus claire, plus juste, plus consciente du passé. On peut se remémorer des souvenirs d'enfance ou faire la paix avec son enfance. On peut prendre du recul aussi par rapport au passé. Elle permet aussi de saluer la Mémoire des Anciens, de ceux qui nous portent. Elle honore le flambeau, le drapeau ou le triomphe national, le patriotisme.

La vibration 11 redonne un dynamisme qui élève nos idéaux et qui nous permet de décrocher du superflu, de ce qui n'est plus essentiel. On doit faire des efforts pour faire repartir la roue de la vie. Cela touche surtout les personnes de la terre (agriculteur) qui peuvent ressentir une amélioration, certes timide, de leur niveau de vie. 2018 les appelle à être des facteurs innovants en matière d'écologie et en matière de respect de la Terre. Ils en sont les gardiens. Le monde agricole peut connaître une crise au niveau de la pollution des sols.

Elle rompt avec le passé. Il se peut qu'elle mette un terme à la grandeur, à l'opulence des pouvoirs, des grandes richesses et frappe les dynasties, les grandes lignées familiales notamment celle royales en lien au pouvoir matriarcal. Ces matrices peuvent exploser et se disloquer. Elle annonce les pertes, les tragédies, les ruptures ou explosions au sein même de ces familles de sang. Cette fréquence 11 annonce les successions, une vague nouvelle mettant en valeur des personnalités plus jeunes, plus adaptées à une société en pleine modernisation. Les règnes de Pouvoir prennent fin pour laisser la place à des courants monarchiques plus ouverts.

La vibration 11 met fin aux contrats, à tout ce qui a trop duré. Les liens karmiques peuvent se transformer en liens d'or c'est à dire en liens christiques où chacun retrouve sa propre liberté. Nous n'épousons plus l'autre de droit mais de façon indépendante où chacun exerce souverainement sa propre autorité. De nouvelles lois peuvent apparaître en lien au mariage et à l'union. Les mariages dans cette nouvelle ère peuvent être plus solaires. La fréquence 11 fixe, soude et cicatrise les relations. De nouveaux pactes ou voeux spirituels sont possibles pour les liens ayant su grandir et évoluer vers le coeur. De nouveaux contrats sont possibles comme de nouveaux mariages. La Terre dans son éveil transforme en or toute union ou lien solide, embelli, travaillé durant ces 27 dernières années d'expérience. Si vous avez forgé votre amour sur l'indépendance, vous serez alors libre. Si vos biens ou vos richesses sont le fruit d'un sacerdoce, vous serez reconnu pour votre travail. La fréquence 11 élève les pleins potentiels.

Si 2018 réclame l'exigence, elle nous fournit en contrepartie l'excellence. Nous récoltons tout ce que nous avons semé en 2017 de façon magnifiée, authentifiée. Cette fréquence nous reconnaît dans notre valeur et nos performances. C'est l'année des travailleurs, des bâtisseurs, des forgerons. Il n'y a pas de place pour la complainte ou la victimisation. C'est une année qui nous aide à nous accomplir et à aller de l'avant. Sa force crée des expériences fortes à vivre et à ressentir dans le coeur. Cette force 11 nous réapprend à vivre et fait intervenir des éléments déclencheurs de hautes envergures.

Cette force 11 est aussi une année des sauveteurs, des pompiers, des anges gardiens. Il est important aussi de reconnaitre notre ange intérieur, de nous améliorer, de nous bonifier comme "le bon vin". A ce sujet, les crus 2018 peuvent être excellentes. Le renouveau en matière écologique et biologique connaît un fort succès, un essor, un engouement général.

Cette force 11 permet aux personnes de se réancrer, de revenir à la terre, vers de nouvelles valeurs de partages. Nous sommes dans l'ère des grandes responsabilités où nous sommes appelés dans la conscience des Anciens à revenir, comme eux à notre terre nourricière. 2018 permet de reconnaître cette fécondité terrestre. Elle donne la vie aux nouvelles plantes, aux nouvelles forêts, aux nouveaux lacs dans des zones initialement arides. Elle nourrit les Hommes et les animaux. Nous allons nous nourrir de ce Vivant, nous en imprégner, être initiés. A force de reculer devant lui, il va finir par s'imposer à nous.

La force 2 nous donne une leçon d'équilibre. Elle peut indisposer par le sentiment de stagnation. 2018 nous permet de garder les pieds sur terre et de nous enraciner. Nous sommes en constante évolution même avec les deux pieds au sol. Nous évoluons dans la Terre. L'inertie est ailleurs même dans l'immobilisme. Cela nous apprend à tenir droit. Il n'y a pas d'inaction. L'homme qui arrive à tenir debout sur ses deux jambes et à se tenir en équilibre arrive à bêcher son jardin. Il doit apprendre à replanter des fleurs, redonner un nouveau parfum à son jardin intérieur. Il doit prendre goût à transmettre.

L'homme dans son immobilisme est un jardinier. La fréquence 2 est un temps qui lui est offert pour jardiner et modifier son regard intérieur. Plus il jardine et plus il avance. Il est important de comprendre cet immobilisme dans lequel nous confine aussi la Terre, ce temps à soi qu'il est indispensable de se donner. L'exactitude parfaite n'existe pas. L'immobile est celui qui est centenaire. Il est comme les grands arbres sacrés. Il s'implante sur son tronc et pousse vers le merveilleux. Si nous savons tenir sur nos deux jambes, nous savons perpétuer l'énergie comme ces grands arbres. Nous savons comment tenir en équilibre dans nos vies mais aussi comment se relier et communiquer avec l'autre. L'harmonie est ainsi. Il n'est pas seulement question d'avancer dans la vie. Il nous faut apprécier cet immobilisme à travers lequel la terre nous donne son secret pour durer. C'est le "secret des centenaires".

Il nous faut tenir droits pour repartir du "bon pied" et tenir du "bon oeil".

L'énergie des arbres nous inculque la notion du sacré. Pour ne pas devenir une "vieille branche", il est important de se transformer à la racine. La "vieille branche" peut se donner l'illusion d'être dans la lumière face au Soleil. Or, si elle n'a pas conscience de l'or dans ses racines, elle ne fait que vivre son illusion. C'est le secret des grands arbres pour maintenir notre harmonie. L'homme croit parvenir à la Sagesse en apprenant, en intégrant des quantités d'informations, en avançant vite alors qu'il lui suffit d'avoir conscience de ses deux pieds au sol. A partir de cet instant sacré, une activité se met en marche malgré lui qui donne l'économie nécessaire à son élocution, dans sa locomotion, dans son besoin d'espace, dans son besoin de grandeur. La force 2 est dans sa prise de conscience du respect des lois de la Nature mais surtout de sa nature, car pour respecter son environnement, l'Homme ne se protège que de lui, qu'il fuit et dont il a peur. Il doit comprendre ses dialogues, sa nature plutôt que de fuir ses monologues recentré sur lui même. Si l'Homme ne respecte en rien les règnes, s'il ignore tout des lois c'est parce qu'il n'a pas la connaissance suffisante pour être en harmonie avec lui-même. Il construit alors ses propres forteresses pour ne pas acquérir cette liberté et cette sagesse qui entreraient en contradiction orgueilleusement avec ses besoins de grandeur. Nous voulons l'or, nous le cherchons mais nous ne savons toujours rien sur qui nous sommes véritablement. C'est exactement ce que notre nature nous renvoie. Nous n'avons pas à vouloir ni chercher mais juste nous appartenir et être, naturellement. L'or, le trésor du monde n'appartient pas aux chercheurs mais à ceux qui se dispensent de chercher, les yeux tournés vers le Ciel et les pieds enracinés.

La force 2 est la force du Penseur. Le Penseur sait davantage sur lui-même que ce que les autres observent de lui car il sait méditer et penser le Monde. Il ne cherche pas à convaincre mais sait par delà les choses et les évènements ce que la Pensée du Bien et non de la Morale lui dicte. Il sait que la Pensée n'est pas réprimée. Il obtient la Pensée créatrice, cette pensée qui sait qu'elle est pensée puisqu'elle obtient tout au moment où elle pense. C'est la force de cette pensée créatrice. Elle obtient contrairement à ce que les autres cherchent, veulent et pensent. C'est de là, la déroute de la pensée involutive. La Pensée qui pense ne cherche pas. Elle ne se disloque pas de l'être. Elle grandit, s'expose, s'expanse et profite à chacun. En réalité, une pensée part d'un point et n'a pas de Temps. Pour surveiller nos pensées nous avons besoin d'un ancrage.

La Force 2 est la force de ce nouvel ancrage qui est un temps précieux pour se reconstruire. C'est un nouvel enracinement de nos pensées. La Terre nourrit nos pensées et les élèvent, ce qui fortifie tout notre arbre intérieur. Nos pensées s'assainissent et grandissent lorsque nous sommes bien ancrés, les deux pieds dans le sol ferme. La magnitude et l'amplitude de la Terre permettent d'alimenter notre puit de lumière et d'apporter à notre arbre des racines fortes. La Terre nous rend amoureux par la force de son ancrage et par sa connexion. Toutes les modifications humaines passent par ce rebranchement au sol. Les fréquences terrestres possèdent cette intelligence. Sous votre poids, elles calculent exactement votre densité terrestre comme si nous étions constamment sur une balance. Elle calcule notre indice de "masse vibratoire". Notre densité est son moteur. En fonction de la fréquence qu'elle détecte, cela lui permet d'enclencher une activité électromagnétique qui nettoie comme une centrifugeuse. Il est évident que nous sommes devenus trop lourds pour elle ce qui va entraîner son changement de masse corporelle ainsi que celles des humains, un changement de leurs habitudes, comme de leurs fréquences. La pression de 7 milliards d'individus est trop importante ce qui va nous mettre au régime, nous pousser à cultiver, à nous nourrir et à digérer différemment pour alléger nos maisons intérieures comme nos consciences remplies de pensées trop lourdes. La Terre est devenue un tout petit espace de vie où nous étouffons les uns avec les autres car nous sommes devenus trop nombreux. Cette densité alourdit nos êtres comme nos pensées. Cela crée une "décompensation énergétique". Il est important de ce fait, de ne plus nous alourdir physiquement en passant par des circuits courts d'alimentation tout au long de la journée, de manger plus léger et plus sainement, de nous reposer en faisant plus souvent des pauses notamment dans le cadre du travail afin d'éviter toute généralisation de "burn-out".

Ce qui nous guette, c'est nous-même. Le danger vient de nous-même individuellement et de tout ce que nous concentrons aujourd'hui sur une plan énergétique qui affecte notre taux vibratoire ainsi que celui de la Terre et de l'univers tout entier. La faillite de la société de consommation moderne nous a aussi consummé et affaibli. Nous sommes en cette année 2018 dans cette forme de concentration au bord de l'implosion. C'est le dur constat que nous allons devoir faire tous ensemble.

Cela passe par une période de recherche d'équilibre et le but recherché est cette harmonie. L'harmonisation de la Terre, comme une irradiation par ces fréquences multicolores, va tester notre stabilité. Cette métamorphose passe par la transition de nos pensées. Celles-ci sont capitales notamment dans ce point d'ancrage 2018. La Pensée crée un point uniforme et culminant cette année. C'est la base, le point de départ de notre nouvelle humanité. Il est important pour elle de se raccrocher au coeur pour démarrer cette nouvelle ère selon les lois divines, initiatrices de vie.

L'importance de rééquilibrer les choses, de nous améliorer, de nous alléger constitue la base d'information que nous donnons à la Terre. Parce qu'elle s'allège dans ses corps énergétiques, il est indispensable de la suivre dans sa mutation et de nous aligner à cette transformation actuelle. Ce que nous vivons est une "transformation alchimique".

VI- Tendances personnalisées 2018

A partir de votre date de naissance, nous pouvons également analyser les combinaisons à l'année 2 qui mènent à une orientation de vie. L'année 2 est l'éclaireur, elle guide et dirige notre esprit. Tout comme notre année de naissance, elle représente notre vaisseau, notre structure, notre conscience qui va porter toute notre essence cette année symbolisée par notre jour et notre mois de naissance.

Ces calculs sont basés sur mes propres recherches.

Pour synthétiser:

- **Le jour** correspond à l'ancrage, l'incarnation, les raisons de notre incarnation et ce que nous aurons tout au long de notre vie à transcender.

- **Le mois** correspond à l'espace dans lequel nous allons pouvoir évoluer et nous réaliser (famille, profession...) les atouts, avantages ou difficultés que nous allons rencontrer.

- **L'année** correspond à l'influence de nos origines cosmiques, la conscience qui nous porte, notre vaisseau.

Pour comprendre ce qui nous attend dans cette année 2, il suffit d'additionner le jour et le mois de votre naissance solaire. Par exemple si vous êtes un 18 juillet 2017 , ne prenez qu'en considération le jour (18) et le mois (juillet): 1+8+7= 16=7.

Reportez vous ensuite dans la partie " l'être 7 en année 2".

Pour connaître la vibration d'une journée en 2018, il vous faut additionner le jour et le mois 2018 avec le résultat du calcul que vous aurez obtenu ci-dessus.

Par exemple si vous souhaitez connaitre la vibration de la journée du 17 novembre 2018, il suffit d'additionner selon l'exemple cité plus haut : 1+7+1+1+7 = 17 = 8.

La vibration de votre journée en ce 17 novembre est la vibration 8 en année 2. Vous saisissez? c'est parti !

L'esprit 1 en année 2: l'exalté

La Terre lui donne son feu vert et la lumière solaire l'éclaire. C'est une grande année de mutation solaire. Il est enflammé et exalté et ne recule devant rien. Il entre cette année dans le vif du sujet, dans le feu de l'action. L'année 2 le positionne et le fait grandir. Il prend la voie de l'expansion et les opportunités cette année sont nombreuses. Elles l'appellent à se souder, se réunir, à consolider. L'esprit doit s'attacher à l'amitié, au réel. Les amis et les relations sont riches. Il véhicule une énergie nouvelle. L'année 2 est une année de délivrance qui ouvre sur l'horizon. Il est important de se focaliser sur la vérité cette année. La Lumière lui révèle votre art, son talent. Il se positionne cette année comme un sauveur ou un sauveteur.

La difficulté pour lui est de faire confiance, de prendre le temps d'écouter l'autre. L'écoute est très importante cete année. Il est pressé et n'a guère le temps d'attendre, de se soucier d'autrui. Il a besoin de foncer cette année ressentant le besoin d'avancer plus vite. Il a sans doute perdu trop de temps dans son ancienne matrice. L'année 2 lui donne plus de charisme, de volontarisme mais attention aussi à ne pas trop en faire ni en vouloir. Il trace sa route sans attendre quiconque. Attention à la précipitation. Il pourrait être exalté en amour, sauvage, chevaleresque et ne résiste pas à la tentation. L'année 2 est une année tentatrice, flash éclair pour lui et elle vous demande de tout reconstruire après avoir tout démoli. Il termine un cycle éprouvant. Il peut changer de camp, de voie radicalement. Il ressent cette année l'envie de s'évader, de s'exiler, de partir à l'aventure. L'année 2 lui évite bon nombre de tracas. Elle lui retire "une épine du pied".

L'étranger l'appelle. Il y a un besoin de reconstruire ailleurs cette année en trouvant une nouvelle embarcation plus solide. L'année 2 est une remise en route. Il peut muter ou déménager dans le cadre professionnel, peut trouver des occasions de partir vers ou sous le soleil pour rejoindre une vie plus lumineuse. Il répond à l'appel de l'inconnu cette année pour changer de vie. L'année 2 le pousse à récupérer et à se concentrer sur l'essentiel. De nouveaux défis ou challenges lui sont proposés. Il doit se retirer seul pour tirer une situation au clair à l'image de ce chef militaire qui doit être seul pour élaborer sa stratégie au combat. L'esprit est appelé à la résilience et à sa reconstruction intérieure.

Un conseil: faites un break, prenez le temps de faire une pause. Vous le méritez avec tout ce que vous dépensez en énergie. Vous êtes dans une année 2 expansive et illuminatrice. Profitez-en et projetez-vous en conscience le plus souvent possible. Vous faites des bonds quantiques incroyables. Tout s'ancre dans la matière et vous recevez des résultats inattendus.

L'être 2 en année 2 : la force

C'est une année de grande force pour l'esprit 2 qui manie avec art "le sabre et l'épée". Il cherche cette année sa propre maîtrise et il frôle l'excellence dans son art ou sa technique. Cette rencontre entre l'esprit 2 en année 2 favorise la rectitude, la droiture. L'esprit 2 peut s'entêter, camper sur ses positions. Il peut être sûr de ses opinions. Il veut mener sa barque tout seul. Son besoin d'autonomie, d'intransigeance, lui demande d'intégrer ses connaissances tout seul. Sa recherche de perfection est grandissante. Tout tourne autour de lui à vive allure. Il reste parfaitement aligné en regardant le monde qui le dépasse. Attention aux étourdissements, à la tête qui tourne. Il doit veiller à son ancrage à la Terre et à garder la tête sur les épaules. Son sens de la réalité et de la vérité sont très aiguisés cette année. Tous les liens et les activités à la Terre sont très positifs pour lui et lui redonnent de la force. Il est relié aux métiers qui connectent à la Terre. (agriculteur, magnétiseur, électricien…) Tout ce qui est connecteur est bon pour lui. Il sert de canal pour faire passer les énergies, les émotions, la sensibilité. Il reconnecte les êtres autour de lui. Cela annonce pour l'être 2 de bonnes récoltes cette année mais il peut aussi confirmer un talent, obtenir une expérience plus grande, des aides ou des gains, confirmer son savoir ou passer haut la main un examen. Il peut être un moteur pour les autres.

L'être 2 est un bâtisseur. Son esprit est conquérant cette année, ses envies débordantes pour innover, élaborer, bâtir. Son regard futuriste va loin voire même dans la démesure. Ce qu'il peut mettre en place ou créer cette année peut le dépasser.

La vision est claire et sa voix puissante. Il n'a pas à convaincre mais doit rester serein par rapport à sa force et son charisme. L'année 2 s'impose à lui comme une évidence. L'esprit 2 est celui sur qui nous pouvons compter. Il est fidèle en amour ou peut trouver un amour durable cette année. Vous pouvez tout donner en amour, vous engager sérieusement dans une relation, nouer des liens solides avec l'extérieur. Vous pouvez faire des rencontres fortes et marquantes ou vous construire une double carapace cette année avec une tendance à trop se protéger.

Il peut se construire un corps d'athlète, pousser dans la démesure vers le culte du corps. Son magnétisme et son charme sont forts cette année. Il s'investit dans toutes les tâches quitte à s'épuiser mentalement. Côté professionnel, vous avez besoin de vous démarquer, de prendre du recul, de moins vous investir. Vous faites un pas en arrière comme pour vous protéger, pour prendre le temps pour votre vie personnelle, votre famille.

Si vous êtes proche de la retraite c'est le moment de vous préserver et de vous jeter à l'eau dans un nouveau cadre plus épanouissant. Vous avez la capacité de vous spécialiser, d'acquérir votre propre technique cette année. L'ambition est là mais l'esprit 2 préfère se perfectionner dans son art, aller à l'essentiel. Côté santé, vous bénéficiez d'un temps de répit et de repos. Evitez les reproches, préférez les attentions cette année. C'est le moment de privilégier les êtres que vous aimez. Le conseil pour lui cette année est de décupler ses intentions. Les idées peuvent fuser. Il ne doit pas imposer sa vérité ni agir avec démesure.

L'être 3 en année 2: l'éclaireur

Il ne sait dire ni oui ni non. L'esprit 3 a des difficultés pour s'implanter cette année, à trouver chaussures à son pied. Pantouflard, pas très téméraire pour sortir sous la pluie, il ne va pas quitter ses chaussons cette année. L'année 2 l'ancre davantage dans son foyer et il trouve la sagesse nécessaire pour passer à l'action au sein même de son foyer auquel il est dévoué. Il s'ancre avant tout dans son confort personnel en recherche de paix et de vérité intérieure. C'est un chercheur spirituel qui va descendre encore plus dans ses profondeurs pour trouver les clefs ensuite de son expansion. Ce peut être pour lui une année de jeune, de détoxification, d'épuration. Il peut se contenter de peu. Ce temps est nécessaire pour lui pour construire et faire grandir ses projets intérieurs. L'année 2 peut être pour lui une phase de gestation et de purification. Il pourra ensuite accoucher de lui même à l'automne 2018. C'est comme si l'esprit 3 entrait dans une immense jungle dans laquelle il allait devoir tout défricher. Professionnellement, il peut être dépassé par la somme de travail qui l'attend. On peut le déplacer dans un poste où il y aura beaucoup de remise en ordre, de ménage à faire, de gros chantiers à gérer. Il défriche ses terres mais avec attention et minutie. Il a besoin de capter cette année ce qui est bon pour lui et de jeter le superflu.

Il rencontre l'année 2 qui lui demande de l'impartialité et de ne pas bouger de son siège, de ne pas trop s'aventurer. C'est une année qui peut être décousue pour lui. Il a besoin avant cela de percer la poche de sa matrice, de faire couler ses eaux usées pour aborder cette transition, ce changement de matrice le plus sereinement possible. En réalité, il a besoin de maîtrise. Il est très sensible aux lunes cette année et a besoin de se détacher de la Mère, du cocon familial pour s'émanciper. L'année 2 peut l'aider à se révéler, à se canaliser et fuir l'agitation.

L'année 2 l'aide à se repositionner, à restructurer ses idées, son mental. Il peut sortir d'une phase éprouvante comme un stress, un burn out après avoir beaucoup donné. Dans le domaine professionnel, l'esprit 3 démarre de nouveaux projets et peut les ancrer cette année. Il accède à un confort matériel qui lui demande de se ressourcer. En amour, il mérite toutes les attentions et a besoin d'un partenaire sans demi-mesure, attentionné et sécurisant. 2018 est une année de grands défis. Il peut avoir du mal à trouver sa place, s'ancrer, se décider. L'esprit 3 doit s'imposer, se manifester. 2018 lui demande de prendre la parole, de convaincre, de défendre ses positions et ses qualités oratoires, ses projets, son foyer. Il peut se libérer ou trouver sa voix dans la parole ou la communication. Il peut être un excellent médiateur. Il ouvre et porte vers la voie de la paix, de l'ordre, de la sagesse. L'esprit 3 peut se révéler dans les grands hémicycles.

Il relève les defis cette année, clarifie sa situation et ses liens. Tout s'éclaire devant lui et il peut faire preuve d'un esprit éclairé. C'est un véhicule de lumière pour ceux qui l'accompagnent. Il ouvre et montre la voie comme un prophète.

L'être 4 en année 2: le joyeux

Cette année 2 lui permet d'approfondir l'écoute à soi. L'année 2 est un assainissement profond de ses corps et de sa conscience. Il lâche prise, dépose son armure et ose sa différence. L'être 4 peut mettre fin à des années de chagrin qui sont désormais derrière lui mais aussi à une double personnalité derrière laquelle il aimait se cacher ou plaire. Il a mis un grand ordre dans sa vie et va pouvoir dès maintenant y mettre toute la lumière qu'il désire et jouer avec toute une palette de couleur. Il ose la couleur, les teintes vibratoires. Il peut flirter avec de hautes fréquences d'amour, de hautes dimensions de coeur, de joie, d'extase. Il peut s'accorder de l'amour pour soi comme pour autrui, partager, repartir dans une vie intime épanouissante à deux. L'être 4 est le phénix qui amorce cette année sa renaissance flamboyante.

Il peut en imposer cette année, par son charisme, sa présence chaleureuse. Il est direct, franc et n'a plus de temps à perdre avec ce qui ne lui correspond plus. Il est curieux de tout, veut bouger, s'aventurer, connaître le monde. Il fusionne avec les différents mondes dans sa toute puissance solaire et s'ancre dans la matière. Dans la société, il passe partout. Le jeu est bon pour lui et l'aide à dénouer son mental trés fort ou fait tomber sa carapace. Il peut être doué cette année pour le jeu comme un caméléon, il prend différentes formes ou aspects. Il peut être pluriel. Il a besoin de s'ancrer dans un paysage festif, haut en couleur vibratoirement, auprès de personnalités joyeuses comme lui. Sa fantaisie peut l'amener loin. Il est victime de son succès par la joie qui déborde de lui.

Il retrouve sa fluidité dans ses corps énergétiques, son corps physique à moins qu'il ne l'installe dans sa maison. Tout coule de source pour l'esprit 4 qui compose à merveille avec la nature. Il doit veiller à garder sa fluidité. Chant, danse, loisirs créatifs, tout favorise son essor et son envolée libératrice. Son travail avec l'eau est important car c'est un élément qui le connecte à sa grande puissance physique. Il a besoin de retrouver une stabilité, sa quête véritable, son équilibre à deux, avec lui même ou avec son double SOI. Il doit faire tomber les masques cette année.

L'année 2 recharge l'esprit 4. Il s'agit d'un temps de nourriture et de renforcement où il peut cultiver sa force en plus de sa maîtrise. Il a besoin de plonger dans les livres, dans la connaissance pour arroser son paysage intérieur. L'année 2 lui donne un siège, une assise, une stabilité, un équilibre sur lequel il va pouvoir se balancer tout au long de l'année. Cette nouvelle année favorise l'éclosion des nouveaux projets. Elle porte l'esprit 4 qui le maintient dans sa vibration. La sensation d'urgence disparait. Tout porte sur le ralentissement personnel, le besoin de trouver un équilibre parfait dans les quatre recoins de sa vie, de rétablir les codes et les harmonies dans son ménage ou foyer, famille ou tribu, de contribuer à son essor ou à celui du monde. C'est un puissant jardinier qui entretient sa terre avec passion. Cette année les récoltes peuvent le dépasser dans la démesure. Professionnellement, il oeuvre pour embellir le monde. Il bénéficie d'une belle croissance ou de belles récoltes cette année. Les énergies d'évolution sont avec lui.
Sentimentalement, il refuse d'entrer dans les cases trop attaché à maintenir la fluidité dans sa vie. La personne attachée à lui devra être aussi fluide ou attaché à prendre la vie comme elle vient.

L'être 5 en année 2: Affairé

L'année 2 appelle l'esprit 5 à se plier et à mettre de l'ordre dans sa vie. Il peut rentrer dans ces énergies 2018 avec l'esprit confus. L'année 2 fixe les deux pieds de l'esprit 5 pour qu'il ne s'envole pas, ne décolle pas trop vite et veille à garder ses deux pieds au sol sur la terre ferme. Il a besoin cette année de compenser ses manques, son anxiété extrême. C'est une année de boulimie ou boulimique dans tous les aspects de sa vie mais surtout dans son travail. Il peut dévorer la connaissance, déborder au niveau de ses heures, être perdu dans son agenda. L'abondance coule à flot et il peut être submergé malgré lui. Cette défaillance peut lui faire perdre le sens des réalités. Ses carnets sont remplis de notes, d'idées, de pensées toutes aussi ingénieuses. C'est un aventurier et s'il ne peut pas s'aventurer cette année il le fera par des voyages de l'esprit, par l'imaginaire. Il peut être contraint et forcé à l'immobilisme ce qui peut le rendre malheureux mais c'est pour mieux l'aider à se focaliser sur l'essentiel. L'année 2 le sécurise et lui permet de comprendre ce qui est bon et juste pour lui.

L'année 2 le maintient et le cadre dans ses extravagances, sa folie, sa légèreté, ses besoins de liberté. Elle le recouvre d'une carapace, d'une protection supplémentaire. Telle une tortue, l'esprit 5 est fécond. Il peut donner naissance à de multiples projets en même temps. Elle lui donne la juste dose, la juste mesure pour entretenir sa soif de vaincre. L'être 5 trouve sa place dans le mouvement. Il entre en 2018 de façon brouillonne. Tout peut être brouillon dans son esprit. Si il est affairé, débordé, il reçoit l'aide providentiel du renouveau qui lui apporte son souffle. Le souffle nouveau dans la vie de l'esprit 5 amène une réelle remise en ordre de sa vie. L'esprit 5 reçoit cette année de l'aide qui permet de retrouver un équilibre ou apporte l'aide d'une personne équilibrée et stable. Cette sécurité nouvelle peut le pousser à se comporter comme un enfant indolent. L'année 2 met en sécurité l'enfant intérieur. Elle s'attache à ne pas nuir à ses émotions et sa sensibilité. C'est un passage qui marque peut être la fin de difficultés psychologiques, de persécution et d'hostilités avec ses mondes intérieurs. La routine peut tuer s'il s'ennuie cette année. Côté sentiment, l'estime de soi passe avant toutes les autres marques d'attention. C'est une année caractérisée par la personnalisation de l'esprit 5. Il a besoin de panser ses plaies personnelles, d'arriver à se plaire à lui-même avant de vouloir plaire aux autres. Il a besoin de recoller les morceaux avec son passé, un destin peut-être brisé. Il peut fuir une réalité douloureuse. Professionnellement, il peut être débordé entre vie professionnelle et vie familiale. L'année 2 lui offre un cadre plus épanouissant pour lui comme sa famille ou dans le cadre de son travail. Il a besoin de se recentrer sur lui, sur ses priorités, son travail et se décentrer du chaos extérieur. Il a besoin de s'expanser et de travailler seul en pleine nature afin de favoriser sa concentration. L'année 2 offre un coup de booster, de jeunesse, un effet bonne mine. Elle le berce tendrement comme un enfant. Il est important de ne pas se laisser bercer et de ne pas être indolent cette année.

L'être 6 en année 2: L'éveillé

L'être 6 doit s'éveiller sur son sort. L'année 2 réserve son lot de surprises mais ne fait guère de cadeau. Elle n' attend pas et l'être 6 doit d'ores et déjà être prêt. Il se doit cette année d'être au point, sur ses gardes aussi, à jour dans ses activités. Cette année 2 resserre la vis. L'être 6 demande à jaillir et à être éclatant. Il a besoin de se prouver, de démarcher par lui-même. L'être 6 sait et peut vibrer haut et fort. Il est comme la Terre, très fertile. C'est une année qui chancelle, qui coule dans la fluidité et distribue une multitude d'opportunités à saisir, de cadeaux à découvrir. L'année 2 décroche pour l'être 6 les étoiles mais lui impose rigueur, discipline et harmonisation intérieure. L'être 6 doit être capable d'honorer tous ses attributs. L'année 2 est sévère et exigeante. L'être 6 peut s'imposer à lui-même cette rigueur. Il est important qu'il reste dans la simplicité qu'il ne s'abrutisse pas l'esprit et ne soit pas dans une dictature envers lui-même. Professionnellement, il doit se décharger pour affronter les réalités quotidiennes. Sentimentalement, il a besoin de faire le ménage dans sa vie, d'écarter autour de lui "les mauvais joueurs" ou " mauvais perdants". Les cadeaux à recevoir lui ouvrent le coeur et peuvent lui demander un travail sur la blessure de trahison. L'être 6 cette année se renforce et peut se faire du mal inconsciemment ou se donner du mal. A moins que cela révèle une force dans ses constructions, ses protections, dans son autonomie et indépendance. Il peut être vulnérable ou à fleur de peau. L'année 2 favorise son discernement et peut ouvrir en grand son "troisième oeil". Elle lui donne le sens des priorités. Il peut être méthodique dans le travail et moins dispersé. Il peut prendre moins de risques que dans le passé et replacé dans son axe, dans la "voie du milieu" pour une meilleure orientation de vie. Il passe le relai cette année et se recentre sur des choix de carrière ou une activité qui lui offre une nouvelle chance de construire sa vie. Il peut choisir une voie d'indépendance, peut faire bande à part. Le risque est de ne pas tomber dans les extrèmes cette année. C'est une année qui le recentre. Il a besoin cette année de décompresser, de massage, de relaxation, de dénouer des noeuds physiques, d'alléger ses douleurs pour aider son corps à se régénérer. Il se recentre dans le coeur et cela lui apporte beaucoup de bien. L'année 2 est une année purificatrice, de remaniement personnel, professionnel, amical, sentimental. Il peut essuyer des coups durs, des situations inattendues et subites. Ces situations peuvent le mettre dans un inconfort mais il a le pouvoir de tourner le dos à ce qui ne lui convient plus et à se réadapter sans cesse. Il retombe sur ses pattes comme un chat. L'année 2 peut être la cause, subite toujours, d'un nouveau départ, d'une remise en question, d'une leçon de vie. Vous pouvez recevoir le fruit d'un enseignement. La vie l'appelle à l'écouter plus sérieusement et à prendre surtout le temps de s'écouter. Elle peut être aussi l'avènement d'une promotion, d'une retraite, d'une naissance. Elle le place toujours dans le mouvement mais les destinations où il se rend sont plus réfléchies, mûries, sages. Tournez le dos au passé!

L'être 7 en année 2: Le sacré

L'être 7 a besoin cette année de faire un point, un break pour effectuer un retour en arrière et faire ainsi un bond en avant constructeur. Cette année 2 donne du fil à retordre et demande à détordre son passé pour arriver à une linéarité. L'être 7 peut avoir à travailler son vécu par rapport à la mère, à soigner le cordon ombilical qui le raccorde à son rôle de maman ou à sa maman. Il a besoin d'en découdre avec son passé. L'année 2 chasse le mental et réouvre cette année une plaie non soignée, un chapitre de vie du passé. Cette nouvelle année peut être un casse tête mental. Il ressasse, doute, remet en question les fondements de sa légitimité. Il a besoin de travailler sur ses stigmates, ce qui l'aliène pour les transformer en or. Il a besoin cette année de retrouver la voie de la pleine expansion de son être et cela passe par l'enseignement de la Joie. Il doit réapprendre dans cette carapace ou ce corps qui l'enferme à regagner cette aptitude joyeuse et dynamique. Il peut être radical envers lui même, son corps, sa conception de la vie, tout remettre en cause ou en question. S'il pouvait être en quête d'un pouvoir matériel, cette nouvelle année l'amène à plus de causerie, de rêverie avec son être. Sa transformation peut s'orienter vers le sacré, l'ouverture vers les peuples et le chamanisme sacré. La conception de son pouvoir peut changer, se transformer. Il peut s'ouvrir à plus grand que lui ou avoir une nouvelle notion de "qui est Dieu", de ses corps énergétiques. Sa quête de vision ou sa vision peuvent être importants cette année. Il est celui qui montre la voie, marque le tempo, ouvre le chemin à l'autre. Il est dans un carrefour de vie où il fait passer, guide, oriente les âmes dans ce rond point multidirectionnel. Il peut être lui même en quête de vision et découvrir le sens de la quête. Cette quête peut l'amener vers la découverte de ses mondes intérieurs pour partir en quête du vivant. Il peut pour cela se montrer sauvage et direct avec son entourage, ne ménageant personne, ni son coeur ni sa monture. Il a besoin comme de se relier spirituellement ou intellectuellement cette année pour oublier le monde, se déconditionner et vivre sa propre magie. Les êtres 7 célèbrent des retrouvailles spirituelles fortes avec leur être. L'année 2 amène à une meilleure approche de son raisonnement. Une clarté dans son jugement et ses mondes intérieurs. L'esprit 7 doit conjuguer les efforts pour ne pas être brouillé dans ses perceptions. L'année 2 peut brouiller ses intentions ou ses pistes pour qu'il retrouve le chemin intérieur. Il a besoin de reconnecter avec son intelligence solaire, avec une puissance de feu, au brio et au génie. Il peut être ce génie cette année et peut "fuser" sur un plan intellectuel, des idées, des pensées. Il est important pour lui d'écrire, de véhiculer cet "esprit des lumières". Il quitte un monde reptilien, contrôlant pour fuir dans sa nature ou dans la Nature profonde comme un loup. Il peut fuir un monde qui le brouille avec sa quête de "résonnance", de transcendance, de compréhension sacrée. Il a besoin de résonner et de fusionner avec les mondes et les êtres pour retrouver cette part de légitimité en lui. Il a besoin de résonance avec son partenaire. Il peut développer des capacités de télépathie importantes avec son monde interieur comme exterieur. Professionnellement, il peut ressentir des aptitudes nouvelles, être guidé par des clairs-ressentis. Il est important qu'il s'ouvre à plus grand que soi et soit en symbiose avec son chaman intérieur. Un conseil: coupez avec les ondes cette année et tout ce qui vous parasite.

L'être 8 en année 2: l'accomplissement

L'être 8 a besoin de lâcher et de s'émanciper cette année pour savourer l'or que sa paix intérieure lui offre. 2017 lui a apporté le fruit de l'enseignement et il va pouvoir goûter et apprécier le jus et son nectar en 2018. L'être 8 continue son dépouillement et il arrive cette année au repos, au sentiment de "mission accomplie". Il marche vers la paix intérieure et amplifie son élévation spirituelle. Sa matrice, siège de ses émotions, peut être d'une grande et belle amplitude notamment dans ses souhaits d'oeuvrer pour l'humanité, de porter les autres ou de les guider. L'être 8 est un guide qui s'achemine. S'il a beaucoup donné et apporté les années précédentes, cette année lui donne l'opportunité de s'offrir du temps et du soin. C'est un temps de recueillement, de nourriture, de méditation. Il est temps d'observer ce repos, d'avoir la conscience tranquille. Ce temps peut faire remonter les manques dans sa vie. Il est venu le temps d'apprécier les retombées de tout ce qu'il a offert autour de lui en don de soi notamment. S'il a fait des concessions, c'est le moment de se retirer cette année pour profiter davantage de son être, de gagner en introspection. Il peut se retirer hors du jeu de la dualité. Il peut être un Maitre étant parvenu à sa propre maîtrise. Il peut être un Guide, conscient de son éveil ou de l'éveil du monde. Il est arrivé cette année au sommet de sa propre montagne.

L'année 2 peut être le sentiment d'accomplissement. Il est temps de recevoir la manifestation, d'admirer la beauté du monde. C'est peut-être aussi la manifestation de tout ce qui est dissimulé dans son dos ou son ombre. Cette année 2 peut l'amener à un stade qui le révèle à lui-même et qui lui demande de transcender un état, de se dépouiller et de lâcher prise sur ses besoins existentiels pour se consacrer à sa mission de vie, se mettre au service, ouvrir et mettre sa lumière à la disposition de l'éveil universel. Il peut être le "boss" cette année. Son Maître intérieur peut le mettre à rude épreuve exigeant de son coeur encore plus d'amour, d'authenticité, de don de soi, de compassion. Il peut être poussé au retranchement, à l'introspection pour gagner encore plus de force dans sa discipline. Il vise encore à assimiler dans le silence, dans le secret, la discrétion. Il a besoin de quitter un monde de "divertissement" pour se focaliser et fusionner avec son Maître intérieur. Il peut avoir l'envie soudaine de reconstruire, de recomposer une famille, une tribu ailleurs. Il peut avoir le besoin de créer, de repartir dans une activité nouvelle cesser de faire le jeu. L'être 8 cette année peut tout quitter pour respecter cette voie intérieure. Il révèle au monde sa profondeur, d'une grande sagesse. L'année 2 magnifie de toute beauté les êtres 8 notamment la divinité chez la Femme, d'une grande volupté. Elle booste et transmute la personnalité de la Femme. Elle est reconnue pour son éternelle beauté, sa grandeur d'âme, sa grande intelligence. L'être 8 a la capacité cette année de sentir, d'embellir. Il reprend goût à une nouvelle vie plus en adéquation avec ses aspirations spirituelles. Il retrouve l'appétit. Les moments conviviaux en famille, autour de la table sont à privilégier. L'être 8 a besoin cette année de revoir tout ce qui le porte, sa façon de s'alimenter mais aussi la façon dont il est nourri dans son coeur. Ce peut être un passage de grande remise en question sur les fondations de sa vie.

L'être 9 en année 2 : Un bolide

L'année 2 est une course poursuite pour l'esprit 9. Il est dans les starting blocks, prêt à foncer, à entreprendre, à cheminer. S'il sait piloter son véhicule, maitriser sa monture, cette nouvelle année devrait combler ses rêves et ses attentes. S'il n'a pas conscience de son corps, ni de sa maîtrise, il peut se diriger droit vers la casse. L'année 2 le fait chavirer ves l'inspiration, l'humanisation, vers des aspirations plus nobles, des valeurs plus grandes et connectées à un monde avant-gardiste. Il se met à l'épreuve, se teste, a besoin de se dépasser dans l'esprit, le coeur ou le corps. Il a besoin de se prouver mais aussi de montrer ce qu'il sait en matière de pilotage. Il peut vouloir sortir d'un moule, des enfantillages et prouver qu'il est adulte. L'année 2 lui permet de faire le grand saut ou le met au défi. L'esprit 9 peut vouloir cette année exposer le résultat de ses recherches, de ses analyses, de son savoir. Il peut courir dans tous les sens pour faire valoir son droit, retrouver une dignité, faire reconnaître son travail, prouver tout simplement qu'il existe. Il peut cette année digérer une histoire avec la femme ou la mère. Il prend position cette année et s'offre une meilleure assise. Il permet également à sa famille, ses amis ou relations d'avoir une meilleure assise. L'esprit fonceur des 9 peut être mis à rude épreuve cette année car il lui est demandé de sceller plutôt que de foncer tête baissée. L'année 2 lui lance ce nouveau défi de s'intégrer, de marcher dans son sens, de se tourner vers l'introspection, son foyer, lui qui d'habitude est tourné vers l'extérieur et l'étranger. Cette année 2 peut lui demander d'être un marcheur qui chemine intérieurement, un romancier qui doit tenir le fil conducteur de ses pensées, le méditant qui doit s'accorder avec son être supérieur. S'il ne tient pas sa voie cette année et ne gagne pas en sagesse, l'année 2 peut générer beaucoup de nervosité et de contre-temps. Il doit trouver un but à suivre qui lui serve à s'élever. Attention donc à la façon dont il gère son moteur, son véhicule. Il est amené à prendre soin et à mieux considérer son corps. Attention à ses coups de tête, sa fougue dans sa façon de piloter ou de conduire ses pensées. Il est important de ne pas être en confrontation. L'année 2 demande plus de calme et de tempérance pour mettre en route ses projets personnels. C'est une voie libre qui s'offre à lui s'il souhaite concrétiser un vieux rêve. Dans cette vélocité, il peut être aussi appelé subitement à intervenir, se rendre au chevet de proches dans le besoin, à porter secours. Il y a une notion d'urgence, de rapidité dans le service. Vous pouvez également vous envoler de vos propres ailes. L'esprit 9 peut ressentir une amplitude des sentiments, de sa raison d'être. Il a besoin de faire un bond en avant et d'aller vite cette année. L'esprit a peut être un temps d'avance sur son siècle ou son temps. C'est un avant-gardiste prêt pour tout rénover. Il s'intéresse à tout ce qui provient du géni et du nouveau. C'est une année pour explorer les fonds, faire de la plongée, de la spéléologie, les profondeurs. Il peut être amené à comprendre ses parts d'ombre, à plonger en eau trouble, dans ses peurs. Il a besoin de canaliser sa grande énergie pour la porter vers de plus justes idéaux. L'esprit 9 a besoin de travailler son équilibre intérieur avant de clamer sa valeur. Sentimentalement, l'année 2 peut l'enfermer dans une relation. Il a besoin d'éclore dans une nouvelle vie ou dans son foyer. Il a besoin de s'ancrer socialement.

-VII- Prologue

La vague de transformation célèbre l'entrée dans cette nouvelle ère magicienne tandis que l'amour que nous recevons de l'espace cosmique est révélateur de tout ce que nous portons en terme d'abondance, de dons et de valeurs. Les nouvelles harmoniques de la Terre appuient pour défaire les dernières cordes qui nous relient à l'Ancien et nous amène vers notre propre libération. Nous sommes face à un flot d'énergies d'évolutions spectaculaires qui nous demandent de nous reconnaître dans notre spécialité pour que chacun arpente désormais le col de son ascension personnelle. Notre Mère divine est efficace et transmet avec force et rigueur les initiations de demain, qui formeront à la grandeur de notre monde universel. Nous devons penser que nous ne sommes pas seuls et que nous cohabitons non pas dans un univers mais dans un multi-univers. Nous avons à nous rattacher à la conscience universelle qui ne pense pas en terme individuel mais en terme collectif. Tous nos actes prennent de la valeur autour de nous, impactent le Salut et la Mémoire de la Terre mais aussi tous les espaces cosmiques. Nous sommes chargés d'amour pour devenir non plus des êtres puissants et supérieurs technologiquement mais spirituellement. Nous participons collectivement à cette ère de reliance en nous connectant à cette grande chaîne d'amour et d'espoir. Nous célébrons ensemble l'entrée dans une nouvelle Terre d'amour. Un temps de recueillement est nécessaire pour accueillir cet avènement, cette grande naissance de la nouvelle humanité. Nous ouvrons par notre éveil individuel, la porte qui laisse jaillir la nouvelle Conscience. C'est la Conscience de la Terre qui ouvre le coeur des Hommes. Il est important de se recueillir dans l'apaisement pour suivre la voie de la bienveillance cosmique. Nous sommes dans un flux stellaire où il fait bon de croire en notre bonne étoile. Nous sommes entourés de bienveillance et d'amour par les êtres stellaires ainsi que par les petits peuples de la Terre. Nous entrons clairement dans le renouveau à condition de nous être assagis. Soyons en ce sens des élèves et non des maîtres.

Il est important que le Féminin quitte enfin sa mue pour entrer dans sa nouvelle peau. Il détient le secret de la guérison universelle. Il est venu le temps pour le guerrier de s'harmoniser et de se pacifier pour fournir au Masculin les clefs qui lui serviront pour demain. La Femme ne peut s'engager dans une lutte. Elle doit agir comme la Terre veille sur ses enfants, dans l'esprit d'unité afin de fournir l'abondance aux peuples de demain. Seules les personnes qui parviennent à cette unité du corps, de l'âme et de l'esprit peuvent comprendre la nécessité de retrouver leur pouvoir conscient. Nous sommes dans une souffrance morale qui demande à être abolie entre guerre, famine, esclavage. Toute cette concession au nihilisme ne peut plus durer. Nous devons nous engager dans une voie d'apaisement et de soins. Pour cela, nous devons cesser de donner notre "assentiment express" au monde destructeur d'aujourd'hui. Cette nouvelle année provoque l'anarchie, les procès, les sanctions chez ceux persuadés de leur pouvoir absolu. Or, il n'y a aucun pouvoir si il y a atteinte. Nous ne pouvons plus saccager la Terre des Anciens sinon notre Mère jaillira comme une dragonne pour que nous comprenions le sens final de notre présence sur cette terre. Nous avons à nous acquitter et à offrir notre guérison au monde si nous voulons posséder la vie bien avant les biens. Cette nouvelle année travaille sur le bien fondé de nos possessions et nous délivre de tout attachement. Il est temps pour nous de nous accomplir vers le meilleur, pour que le meilleur soit accompli. Elle nous permet de joindre les deux bouts, l'axe spirituel et l'axe terrestre. C'est le fil conducteur sur lequel marche le funambule pour trouver son équilibre. Nous sommes cette année sur ce fil qui relie l'âme à la matière. Il favorise les révélations de mission de vie, les renaissances ou nouvelles incarnations non plus dans nos habits de chair mais de lumière.

2018 célèbre un mariage avec des forces nouvelles qui sacralisent le Féminin et le Masculin. Elle nous permet de regagner notre souveraineté, notre pouvoir personnel, de passer à travers les "mailles du filet" et d'obtenir notre consécration. Nous avons à passer tous ensemble ce nouveau portail avec conviction. L'entrée dans cette nouvelle ère marque une nouvelle étape. Elle abolit la souffrance et nous gonfle d'amour. Nous franchissons un cap d'espérance. Fini les beaux discours, nous avons à avancer tous ensemble pour nous émerveiller mais aussi pour réparer les dégâts causés par les tempêtes du passé. Seuls l'écoute et les doux mots peuvent faire taire les cyclones. Cette année, les paroles s'envolent tandis que les actes restent. Place à l'action.

Sommes-nous prêts à reconstruire en nous rassemblant tous ensemble fraternellement? Tel est le défi qui nous attend à tous sans exception.

Table des Matières